WASEDA University Academic Series

早稲田大学学術叢書

22

日独比較研究 市町村合併

―平成の大合併はなぜ進展したか?―

片木　淳
Jun Katagi

早稲田大学出版部

A Comparative Study on Municipal Mergers between Japan and Germany
―Why did "Heisei no Daigappei" make progress?―

KATAGI Jun is professor at the Faculty of Political Science and Economics, Waseda University, Tokyo.

The English summary of this book is at its back.

First published in 2012 by
Waseda University Press Co., Ltd.
1-1-7 Nishiwaseda
Shinjuku-ku, Tokyo 169-0051
www.waseda-up.co.jp

© 2012 by Jun Katagi

All rights reserved. Except for short extracts used for academic purposes or book reviews, no part of this publication may be reproduced, stored in a retrieval system or transmitted in any form whatsoever—electronic, mechanical, photocopying or otherwise—without the prior and written permission of the publisher.

ISBN 978-4-657-12702-0

Printed in Japan

ドイツの16州と州都

（出典）　加藤雅彦氏ほか編集「事典 現代のドイツ」（大修館書店）収録の原文地図より作成。

道州制案の13地域と都道府県の境界

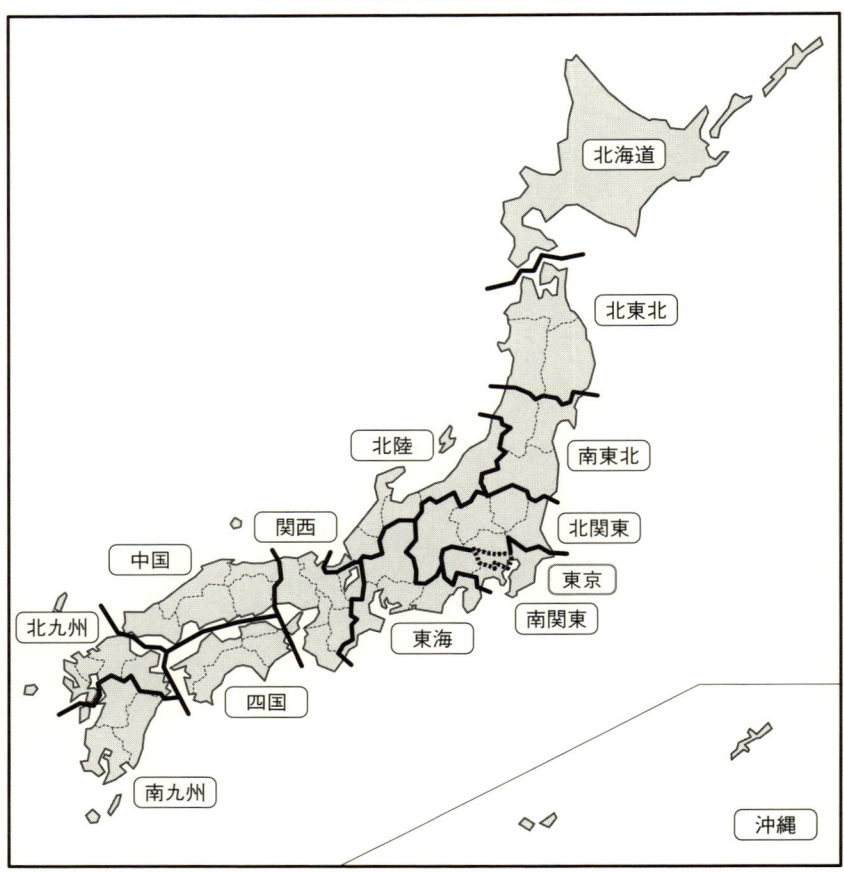

（出典）　総務省HP「第28次地方制度調査会」「道州制のあり方に関する答申」「区域例－3（13道州）」

「それはさて，ドレースデンやミュンヘンやシュトゥットガルトやカッセルやブラウンシュヴァイクやハノーヴァーというような都市を考えてみたまえ。これらの町々がその中に貯えている大きな生活物資を考えてみたまえ。そこから近隣の地方へ及ぼす影響を考えてみたまえ。その上で，もしこれらの都市が昔から王侯の居住地でなかったなら，すべてはどうなっていたかを自分に問うてみればいい。」

「フランクフルトやブレーメンやハンブルクやリューベックは，大きくて，見事な都市だ。それらがドイツの国富に及ぼす影響は，まったく数えきれないよ。けれども，もしそれらの都市としてどこかのドイツの大国に併合されていたら，今日の姿はありえただろうか。――私は，当然，疑わしいと思う。」

(ゲーテ，1828年10月23日木曜)[1]

♪ エッカーマン（1984）p.237。

　　　　　　　　は　じ　め　に

　日本における市町村の数は，1999年以来推進された「平成の大合併」を経て3,255から1,742にまで減少した。減少率は，46.5％である。

　「平成の大合併」については，その功罪を含め，今後，客観的・科学的かつ包括的な事後評価が必要であるが，本書における当面の問題意識は，なぜ「平成の大合併」がこのような短期間のうちに，しかも比較的スムーズに進展したのか，という点にある。

　特に，それ以前においてすでに，日本の市町村が国際的に見て十分規模の大きいものであったことを考えると，なおさら不思議の感を禁じ得ない。後述するように，欧米の主要国の基礎自治体（市町村）と比較して，日本の市町村の規模は突出して大きい（イギリスのディストリクトやユニタリーの規模は日本の市町村以上に大きいが，イギリスにはさらに住民に身近な自治体であるパリッシュ等が10,000以上存在している）。

　もちろん，これらの国々においても，近年，市町村合併が推進されてきた。たとえば，ドイツでは特に，東西ドイツ統一後，旧東ドイツ地域におい

1　地方自治法上，東京都の特別区（以下，「特別区」という）は「特別地方公共団体」とされ，「普通地方公共団体」である一般の市町村とは区別されている（同法第1条の3）が，少なくとも，1947年5月施行の地方自治法により自治権を拡充されて発足した以降の特別区はれっきとした「地域政府」（後述）であり，この点で市町村と異なるところはないので，以下本書では，原則として一般の市町村と同様に扱う。なお，第1期地方分権改革により，特別区は「基礎的な地方公共団体として」その事務を処理するものとされている（同法第281条の2第2項）。

2　1999年3月31日現在。特別区を含む。総務省HP「広域行政・市町村合併」資料の市町村数3,232（2012.1.6.閲覧）に特別区数23を加算。

3　2011年12月31日現在。同上。総務省HP資料の市町村数1,719（2012.1.6.閲覧）に特別区数23を加算。

4　自治体国際化協会（2010）p.17「図表3－1　イングランドの地方自治体構成」。

て市町村合併を含む地域改革が進められてきた。それでもなお，今日，ドイツには約11,000余の市町村が存在し，したがって，個々の市町村の規模は日本に比べて格段に小さい。地域改革の「北欧モデル」に属する州が多く，比較的，合併に積極的であるとされるドイツにおいてすら，このような状況である。地域改革の「南欧モデル」に属するラテン諸国においてはなおさらその規模は小さなものとなっている。例えば，周知のように，フランスの基礎自治体であるコミューンは，ナポレオン以来，ほとんど数が変わっていない。1971年の通称「マルスラン法」による合併促進の結果，約2,000減少したが，今日でもなお36,000余の多きを数える。

　このように，諸外国と比較して規模の大きい基礎自治体を有し，しかも，都道府県と市町村の2層のみからなる日本の自治体構造は，極めて特異なものといえる。

　このような中で行われた今回の「平成の大合併」は，「自主的な合併」とはいうものの，政府（総務省）がいくつかの背景・必要性を掲げつつ（序章，表序-2左欄），その積極的な主導の下に推し進めたものであった。しかし，これらの背景・必要性について政府の説明は，後述するように，多くの反対意見や批判の指摘の前に，論理的には極めて根拠の乏しいものに見える。にもかかわらず，なぜ，「平成の大合併」が全体的には大きな抵抗もなく進展し，元々大きかった日本の市町村の規模がさらに拡大する結果となったのであろうか。

　市町村合併については，これを進展させる複数の要因（促進要因）と抑制

5　後述（第3章第2節）。ドイツでもラインラント・プファルツ州等は，「南欧モデル」に属する。
6　後述（第3章第2節）。
7　自治体国際化協会（2009）p.29。
8　同上，p.37。
9　片木（2008）pp.55-66。
10　例えば，保母は「政府の説明にみられる論理性の薄弱さ」を指摘した（保母（2002）p.10）。

的に働く複数の要因（抑制要因）とに分けて，考えることができる。比ゆ的にいえば，これら，それぞれの要因による同一方向あるいは反対方向のベクトルの総和が，合併の成否とその進展の程度を決定すると考えることができよう。そこで本書では，日本とドイツの両国におけるそのような市町村合併の促進要因と抑制要因を比較研究し，結果として何が日本とドイツの相違をもたらしているのか，これを解明しようとするものである。

しかし，これらを科学的な因果関係を明らかにした上で解明することは，それほど簡単な話ではない。

まず，比較する期間をどう設定するか，という問題がある。初期条件の相違という意味では，「経路依存性」[12]の問題であるともいえるが，例えば，東西ドイツ統一直後に16,000を超えていたドイツの市町村数は，その後，主として旧東ドイツ地域における合併により減少してきたものの，日本の「平成の大合併」が始まった1999年においてもなお，14,000の多きを数え（後述，「表3-3 ドイツ各州における市町村数の推移」参照），当時（1999年3月末）の日本の市町村数3,255に比べ，はるかに多かった。

だとすれば，両国の比較にあたっては，ここ20年程の期間における抑制要因と促進要因の分析だけでは当然不十分であり，それ以前の両国における市町村合併の展開について，さらに遡って要因分析を行う必要がある。例えば，ドイツにおいては，近代化以降，1960年代後半から70年代末（旧東ドイツ諸州では1990年代以降）まで市町村の合併のための改革は，行われていないが[13]，日本においては，1889（明治22）年，市制町村制を施行するための準備として「明治の大合併」が行われた。その結果，当時の市町村数は，5分

---

11 本書において「要因」とは，主要な「原因」をいう。
12 経路依存性とは，「過去のある時点で行われた選択が，その選択にいたった当初の諸条件が後に変更されたにもかかわらず，慣性のために，変化しにくい現象を指す」（河野勝・岩崎正洋『アクセス比較政治学』（日本経済評論社，2006年第2刷）p.122。代表的な例として，キーボードのQWERTY配列がよく取り上げられる。
13 森川（2008）p.144，および同（2005）p.3参照。

の1の約15,000にまで減少した。その時点でのドイツの市町村の規模は，今日のドイツの区域が国境の変更により当時と大きく変化しているので単純な比較はできないが，プロイセンの町村は「その平均人口において我が国町村の約十分の一に過ぎない」と言われていた[14]。さらに，その後も，日本においては，「昭和の大合併」が進められ，1953年から1961年までの間に，市町村の数はほぼ3分の1に減少した[15]。

このように，両国の市町村の規模の相違の原因を究明するためには，両国の市町村合併の歴史をさらにさかのぼって追跡することが必要となる。しかし，本書においては，日本における「明治の大合併」以来の市町村合併の経緯，ドイツにおける1960年代後半から1970年代初期の自治体合併に少し触れたものの，中心として要因分析を行ったのはここ20年程の期間についてであり，全体のごく一部について，その動向を究明しようとしたものにすぎない。

次に，因果関係の証明も，困難を伴う。アリストテレスは，「原因」について，事物の材料が原因であるとする質料因，事物の本質等（形相）が原因であるとする形相因，事物の始まりの起点がそれであるとする作用因および事物の目的を原因であるとする目的因の4つを区別したが[16]，そもそも「原因」とは何を意味するのか，厳密に定義できるのかという問題がある。特に，社会科学の世界においては，市町村合併に限らず，一般的に因果関係の証明は難しい。なぜなら，およそ，人間界の事象は，元来，多数の，しかも相互に関係する原因によって結果がもたらされるからである。本研究においては，市町村合併の促進要因と抑制要因のうち，後述のようないくつかの要因を取

---

14 亀掛川（1977）p.509。なお，当時のプロイセンの自治体数は，郡（Land = und Stadtkreise）343，都市（Städte）994，市町村（Landgemeinden）30,253であった。これに加えて，東部6州においては，領主管区（Gutsbezirke）が15,603存在した（山田（1991）p.477「表4」）。

15 総務省HP「広域行政・市町村合併」「市町村合併資料集」「市町村数の変遷と合併の特徴」による（2011.12.24閲覧）。

16 今道（2004）p.127。

り上げたにすぎない。これら以外にも，様々な要因が考えられる。たとえば，市町村合併の促進要因として「リーダーシップ」を掲げる研究もある。本書では，この要因の分析は放棄した。ドイツより日本の政治家の方に強いリーダーシップがあるとは思えないということはしばらく置くとしても，日独の間における「リーダーシップ」の相違の解明は，両国の政治制度や文化全般にわたり，短時間に答えの出る問題とは思えないからである。

　さらに，因果関係の証明が困難を伴うもう一つの理由は，ある事象が原因となって他の事象が結果として生じるというような単純な図式は，ほとんど期待することができないということである。特に，社会科学の分野では，ある原因の結果生じた当該事象がまた原因となって元の事象に影響を及ぼすなど，原因と結果の関係が複雑に入り組んでいるのが普通である。「地方分権改革を推進するため，その受け皿としての市町村の行財政能力の強化を目指す」という政治的意思が推進力（原因）となって，市町村の合併が推進される結果になったとしても，その合併の結果，規模が拡大し，行財政基盤が強化され，行政能力の向上した市町村が，住民に対する行政サービスの向上を図るため，都道府県や国に対し地方分権の推進をさらに要求し，政治家等の諸アクターもこれに同調するということもありうる。この場合には，「地方分権改革の推進が原因となって市町村合併が促進された」ととらえることは，事象の科学的な認識としては単純にすぎよう。逆に，元々市町村合併が進展し，その結果，市町村の規模が大きいことがさらなる地方分権化の必要性を結果としてもたらし，これを通じて，さらに市町村合併が促進されたといえるかもしれない。そうだとすれば，この点についても，やはり経路依存性の問題も含め日独両国の市町村合併の進展の原因をさらに歴史をさかのぼって究明することが必要となる。

　以上のように，この問題の究明は，筆者の能力をはるかに越えるものである。

　そこで，本書においては，因果関係についての厳密な論証は断念し，市町村合併という政策の企画立案とその実施に携わる政治家，公務員その他の関

係者が，あるいは，国民・住民一般が日本とドイツにおけるその違いの理由や背景を一定程度理解し，それに基づき政策の論議と賛否の判断，さらには制度設計ができるよう，蓋然的な事実に関する所見を提供することで満足しようとするものである。日本とドイツの市町村の規模の相違の要因として，いくつかの理由となる事実を指摘できれば，筆者としては上出来であると考えている。

　制度の構築・改廃は，これに携わる諸アクターの現状に対する認識と制度改革の意思によって，現実のものとなる。諸アクターの認識と意思には，選挙等の政治的プロセスを通じて一般国民・住民の認識が大きな影響を及ぼす。そこで，本書においては，市町村の合併を促進する要因として，仮説的に，両国における，一般的な，① 地方分権改革の必要性に対する認識，② 人口の減少・高齢化に対する危機意識，③ 自治体の財政危機の深刻度に対する認識（行政簡素化の必要性の認識をもたらす）を取り上げる。

　また，市町村の合併を抑制する要因としては，同様に，①「市民に近接した民主主義」の意識の強さ，② 地方自治における名誉職原理の存在とその役割の大きさ，③ 地域のつながり（地域アイデンティティー）の強さ，および ④ 行政の補完機能を果たす郡等の存在とその役割の大きさを措定する。

　そして，これらの要因による合併の促進・抑制に対する影響力をベクトルとしてとらえ，両国におけるその方向と大きさをそれぞれ比較，評価するとともに，その総和としてのベクトルを想定することで，日独の違いを説明ができないものか試みたものである。

　その結論をここで要約すれば，市町村の合併を促進する要因のうち，① 地方分権改革の必要性に対する認識，② 人口の減少・高齢化に対する危機意識，および ③ 自治体の財政危機の深刻度の認識のいずれについても日本がドイツより強いという結論に達した。また，市町村の合併を抑制する要因としては，前述したいずれのベクトルも，ドイツの方が日本より強いという結論となった。したがって，ドイツにおいては日本に比べ，合併の促進要因がそれだけ弱く，逆に抑制要因は強いため，市町村合併が進みにくいこと，し

たがって，市町村規模も小規模なものにとどまる傾向にあることが，ある程度説明できたのではないかと考えている。

　本書の意図が達成できているかどうかは読者の判断に委ねざるを得ないが，筆者としてはこれを契機に，さらに，詳細な事実の発掘と収集・蓄積が行われるとともに，科学的な論議とさらなる研究が進められ，市町村合併をめぐる事実の認識と適切な政策の企画立案およびその実行に少しでも貢献できるような公共政策研究が進展することを期待したい。

目　次

序　章　問題設定と先行研究 ———————————————————— 1
　　第1節　本書の問題意識と問題設定 ……………………………………… 1
　　　　1　日本とドイツの市町村規模の相違　1
　　　　2　地方自治システムとしての自治体の地域構造　3
　　　　3　市町村合併の促進要因と抑制要因　5
　　第2節　先行研究の状況 ………………………………………………… 11
　　　　1　日本の市町村合併についての先行研究　11
　　　　2　ドイツの市町村合併についての先行研究　20
　　第3節　ドイツ地方自治用語の日本語訳 ……………………………… 24

第Ⅰ部　日独における地域改革の動向　　　　　　　　　　　　27

第1章　日本とドイツの地方自治制度と「地域政府」——————————— 29
　　第1節　日本とドイツの地方自治制度 ………………………………… 29
　　　　1　地方自治の3つのモデル　29
　　　　2　日本における地方自治制度　32
　　　　3　ドイツにおける地方自治制度　35
　　第2節　「地域主権」 …………………………………………………… 36
　　　　1　「地域主権」における「地域」概念と「主権」概念　36
　　　　2　「地域主権」における「地域」概念　37
　　　　3　「地域主権」における「主権」概念　38

第2章　日本とドイツにおける「地域政府」の構造 ——————————— 41
　　第1節　「地域政府」 …………………………………………………… 41
　　　　1　「国家」と「政府」　41
　　　　2　「政府」としての自治体　42
　　第2節　日本とドイツの「地域政府」の構造 ………………………… 44

           1　欧米主要国と日本の「地域政府」の構造　44
           2　日本における「地域政府」の構造　50
           3　ドイツにおける「地域政府」の構造　52
       第3節　日本とドイツにおける市町村の規模…………………………54

第3章　日本とドイツの地域改革―――――――――――――――――61
       第1節　地域改革と市町村合併……………………………………61
       第2節　地域改革の「北欧モデル」と「南欧モデル」……………63
       第3節　日本における市町村合併…………………………………64
       第4節　ドイツにおける市町村合併………………………………70

第Ⅱ部　市町村合併の促進・抑制要因の日独比較　75

第4章　日本とドイツに違いをもたらした要因と評価――――――――77
       第1節　市町村合併の法的根拠と主要アクター…………………77
       第2節　市町村合併を促進するベクトル
              および抑制するベクトル…………………………………80

第5章　地方分権改革と市町村合併―――――――――――――――83
       第1節　地方分権改革………………………………………………83
           1　日本における地方分権改革　83
           2　ドイツの地方分権　89
       第2節　日本とドイツにおける地方財政のウェイト……………91
       第3節　地方分権改革と市町村合併………………………………95

第6章　人口の減少・高齢化と市町村合併――――――――――――99
       第1節　日本における人口の減少・高齢化………………………99
       第2節　ドイツにおける人口の減少・高齢化……………………106
       第3節　ドイツにおける「スマート・シュリンク」政策………111
           1　連邦レベルの政策　111
           2　ドイツのビッターフェルト・ヴォルフェン市における
              取り組み　112

第4節　人口の減少・高齢化と市町村合併 ……………………… 113

第7章　自治体の財政危機と市町村合併 ───────────── 117
　　第1節　日本とドイツにおける財政状況 ……………………… 117
　　　　1　日本の財政状況　117
　　　　2　ドイツの市町村の財政状況　125
　　第2節　日本とドイツにおける財政調整システム …………… 127
　　　　1　「十分性の原則」と「立法者負担の原則」　127
　　　　2　日本の財政調整　130
　　　　3　ドイツの財政調整　139
　　第3節　自治体の財政危機と市町村合併 ……………………… 146

第8章　自治体地域改革に対する抑制要因としてのベクトル ── 149
　　第1節　市民に近接した民主主義 ……………………………… 149
　　　　1　日本における市民に近接した民主主義　149
　　　　2　ドイツにおける市民に近接した民主主義　153
　　　　3　小　　括　155
　　第2節　名誉職原理 ……………………………………………… 157
　　　　1　日本における名誉職原理　157
　　　　2　ドイツにおける名誉職原理　158
　　　　3　メクレンブルク・フォアポンメルン州憲法裁判所の
　　　　　　郡合併違憲判決（2007年）　160
　　　　4　小　　括　161
　　第3節　地域アイデンティティー ……………………………… 162
　　　　1　日本における地域アイデンティティー　162
　　　　2　ドイツにおける地域アイデンティティー　164
　　　　3　小　　括　165
　　第4節　郡，アムト等の補完機能 ……………………………… 165
　　　　1　日本における補完機能　165
　　　　2　ドイツにおける補完機能　166
　　　　3　小　　括　170

目　次

第Ⅲ部　ケーススタディと結論　173

第9章　ヴィーデンボルステル──ドイツ最小の村　175
　　第1節　ヴィーデンボルステルの横顔　175
　　第2節　ヴィーデンボルステルの村民集会
　　　　　（2011年12月14日）　177
　　第3節　シュタインブルク郡（Kreis Steinburg）　179
　　第4節　アムト・ケリングフーゼン（Amt Kellinghusen）　180
　　第5節　小　括　181

第10章　結　論　183
　　第1節　地方分権改革　183
　　第2節　人口の減少・高齢化　184
　　第3節　自治体の財政危機　185
　　第4節　自治体の地域改革に対する抑制要因　185
　　　　1　市民に近接した民主主義　185
　　　　2　名誉職原理　186
　　　　3　地域アイデンティティー　186
　　　　4　郡およびアムト等の補完機能　187
　　第5節　ま　と　め　187

お　わ　り　に　190
参　考　資　料　193
参　考　文　献　202
図　表　一　覧　211
索　　　引　215
英　文　要　旨　218

序　章
問題設定と先行研究

第 *1* 節　本書の問題意識と問題設定

1　日本とドイツの市町村規模の相違

　前述のように，日本では1999年以来，「平成の大合併」が進められ，これによって市町村数は3,255から1,742（2011年12月31日現在）にまで減少した。[1] この結果，日本の市町村の平均人口は73,512人となり，平均面積は 216.96km² となっている（表序−1）。
　ドイツにおいても，1960年代から1970年代にかけて旧西ドイツ諸州において，そして，1990年のドイツ統一以降は旧東ドイツ諸州においても，地方自治体の合併が推進された。最近においても，人口規模の小さな州において，困難な財政状況と人口減少を理由に，あらためて市町村合併を含む自治体地域改革が進められている。しかしながら，これらの改革にもかかわらず，ドイツにおける市町村の平均人口と平均面積は，いまだ，日本に比較して相当小さい。すなわち，市町村の平均人口は7,145人であり，平均面積は31.21

1　内訳は，市786，特別区23，町749，村184（2011年12月31日現在）。

km²に過ぎない。つまり、ドイツの平均人口は日本の約10分の1であり、平均面積は7分の1となっているのである（同表）。

本書においては、このような日独における市町村規模の違いはどうして生じたのか、その理由を探求しようとするものである。上述のとおり、この間の厳密な意味での因果関係を明らかにすることは困難であるが、できるだけ、日本とドイツの市町村の規模の相違の理由について、蓋然的ではあるが、説得的な事実関係を究明できないか、試みるものである。

表序-1　日独市町村の平均人口と平均面積

	人口（千人）a	面積（km²）b	市町村数 c	平均人口（人）d=a/c×1000	平均面積（km²）e=b/c
日本 A	128,057	377,950	1,742	73,512	216.96
ドイツ B	81,752	357,124	11,442	7,145	31.21
A/B	1.6	1.1	0.15	10.3	7.0

（注）　日本については、特別区（23）を含む。日本の人口と面積は2010年10月1日、市町村数は2011年12月31日現在。ドイツの人口と市町村数は2010年12月31日、面積は2009年12月31日現在。
（出典）
日本
　　人口：総務省HP「統計局の統計」「平成22年国勢調査による基準人口」「参考 表2 都道府県、年齢（5歳階級）、男女別基準人口—総人口、日本人人口、外国人人口（平成22年10月1日現在）」。
　　面積：国土地理院HP「平成22年全国都道府県市区町村別面積調」。
　　市町村数：総務省HP「広域行政・市町村合併」「都道府県別市町村数の変遷（平成11年3月31日以降の全てを収録）」(2012.1.5.閲覧)。
ドイツ
　　人口・面積・市町村数：連邦統計局HP「STATISTISCHES JAHRBUCH 2011. Für die Bundesrepublik Deutschland mit »Internationalen Übersichten«」(2012.1.6.閲覧)。

2　地方自治システムとしての自治体の地域構造

　一般的に，地方自治体の規模をどの程度の大きさのものとするのか，いかなる区域をもって1つの自治体の管轄区域とするのか，ということ（自治体の地域構造）は，その国の地方自治システムの一部を構成する。

　ところで，そもそもこのような地方自治システムは，どのような外部的要因によって決定されるのであろうか。これに関しては，山下（2010）が世界各国の地方自治を比較するため，政治分析の分野にシステム論を導入したイーストンの概念図式を用いて描いたモデルが参考となる（「単純モデル A」[2]，図序－1）。

　これによれば，地方自治システムは，「一国の政治システム全体から見ればその一部，すなわち『サブ・システム』になること，それは国家統治（中央政府）のシステムとの間で双方向的な入力・出力関係を形成していることや，外部環境としての社会・経済システム（一国の経済体制や民族，人口，地域等の社会的条件），さらには文化・思想システム（政治システムを支持するイデオロギーや人々の政治意識等）との間に双方向的関係を持つことを示している[3]」。そして，地方自治システムが持続し機能するには，「外部環境に対し，より多くの人々の支持を獲得しうる出力を効果的・継続的に提供する能力が必要で」あり，「そうした適応力のないシステムは人々の支持を失い，革命（システムの根底的な転覆）や改革（システム内部での変革）で廃棄・改変される[4]」ということになる。

　したがって，地方自治システムの一部である自治体の地域構造も，それが国家統治システム，社会経済システム，文化思想システムにおける変化に対応できない場合には，市町村合併の推進など地域構造を改革する方向での力

2　山下（2010）pp.19-21。
3　同上。
4　同上。

図序-1　地方自治システムの「単純モデルA」

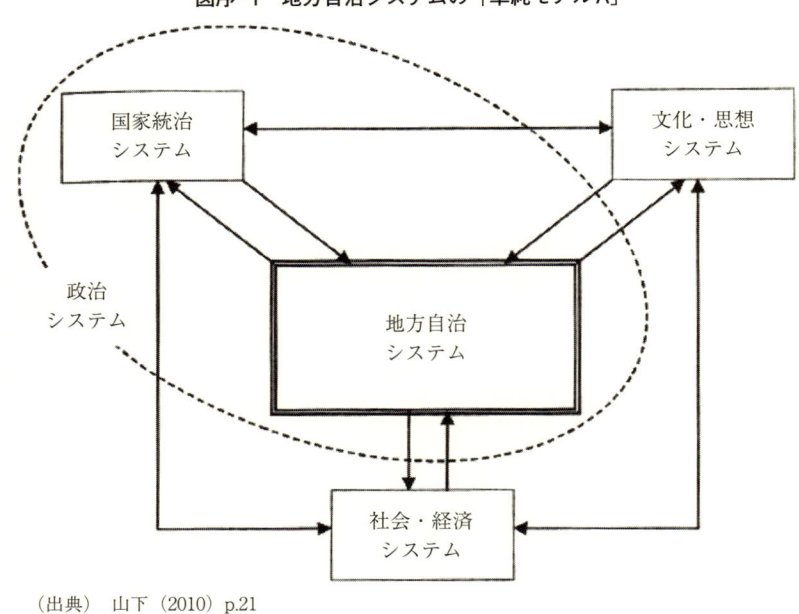

（出典）山下（2010）p.21

がはたらき，逆に，この改革が，他の3つのシステムによって抵抗をうける場合には，改革案が挫折する，あるいは進捗しないこともあるということになる。

　なお，ここでいう国家統治システムとは中央政府に関する統治システムであり，地方自治システムは「地域政府（後述）」に関するシステムと言い換えることができようが，多くの場合，両者は一体的かつ密接不可分のものであるとともに，図序-1にもあるように，国家統治システム自体も社会経済システムおよび文化思想システムとの間で相互作用を及ぼしあうものであることに留意する必要がある。

3　市町村合併の促進要因と抑制要因

　では，上記の国家統治システム，社会経済システム，文化思想システムにおける変化とは，市町村合併の場合には何であり，それがどのように市町村合併の進展に影響を及ぼしているのであろうか。

　平成の大合併において政府は，主たる市町村合併の背景として，次の4点を掲げた。そして，そのため基礎自治体である市町村の規模・能力の充実，行財政基盤の強化が不可欠になっているとして，市町村合併の必要性を主張した。[5]

①　地方分権の推進
　　地方でできることは地方で。住民に最も身近な市町村について，規模・能力の充実が大切。
②　少子高齢化の進展
　　人口減少社会に突入。少子高齢化に対応した，サービス提供・専門スタッフが必要。
③　広域的な行政需要が増大
　　日常生活圏（通勤，通学，買い物等）の拡大に応じた，市町村の拡大が必要。
④　行政改革の推進
　　極めて厳しい財政状況。国・地方とも，より簡素で効率的な行財政運営が必要。更なる行政改革の推進。

　これらは，「社会経済システム」の変化を中心とする外的要因が地方自治システムの改革としての市町村合併を要請している，との主張であると理解できよう。

　ドイツにおける自治体の地域改革[6]においても[7]，同様の理由が掲げられてい

---

[5]　総務省HP「総務省合併相談コーナー」（当時），「市町村合併関係資料」「背景とポイント」（2007.7.8.閲覧）。

る（後述，第3章第4節）が，一般的には，これらの背景から自治体の地域改革を促進する要因（ベクトル）が生じてくるということは，さしあたり首肯できる。

　すなわち，地方分権ということが政治的な課題となり，中央政府から市町村にできるだけ事務の移譲を推進すべきであり，そのための「受け皿」として強い市町村が必要であると一般の人々，特に，政策の決定と実現に影響力を及ぼす諸アクターたち（後述）が考えれば，市町村合併が促進されることとなろう。つまり，地方分権の必要性についての一般の認識が強ければ強いほど，市町村合併が推進されるということになる。

　また，これらのアクターたちを含め，多くの人々が人口の減少と少子高齢化の問題がより深刻であると考えれば，やはり，行財政基盤を強化してこれに対処するための市町村合併が促進されることとなるであろう。

　人々が日常生活圏の拡大により地域が狭くなったと感じるようになり，諸アクターたちも同意見となれば，これもまた，市町村合併にポジティブに働くであろう。ただし，今回の要因分析においては，一般的には，ドイツにおいても日本においても，交通通信技術の発達によりおおむね同等に人間の生活圏が拡大を遂げていると思われるので，日本とドイツの間にさほど大きな相違はないとして，とりあえずこの要素は除外する。

　行政改革はいつの時代においても行政にとって必要な事柄である。しかし，困難な財政状況の下においては，特にこれを回避することは許されない。そして，そのため，効率的な市町村行政の運営を目指して市町村合併が推進されることとなる。財政の危機的な状況に対する認識は，したがって，市町村合併を促進する要因となり得る。

　総務省の背景説明では，以上のように促進要因のことしか強調されていないが，自治体の地域改革の推進を抑制，阻害する要因（反対の方向のベクトル）があることも忘れてはならない。本書では，そのようなものとして「市

6　ドイツにおける「自治体」には，郡が含まれる。
7　ドイツにおける「地域改革」には，合併以外も含まれる（後述）。

民に近接した民主主義」の考え方，名誉職原理，地域のきずな（地域アイデンティティー）および市町村を補完する郡等の広域団体の存在を取り上げる。

すなわち，多くの人々が，市町村の合併によってその政治的中心が市民から離れたものになるであろうと考え，これを後述のように，「市民に近接した民主主義」「名誉職原理」あるいは「地域のきずな」やアイデンティティーの確立に反するものであると考える場合には，合併に反対するベクトルが生じる（これらの要因は，上に述べた地方自治システムの改革モデルからいえば，主として「文化思想システム」から来る要因といえよう）。

同じことは，郡あるいはアムト等の補完機能が存在する場合にいえる。なぜならば，これらの市町村行政を代替する組織が存在する場合には，市町村の規模を拡大して事務を移譲するための基盤整備を行う合併は必要でなくなるからである。

なお，表序-2は，筆者が，市町村合併の必要性・背景についての当時の総務省の説明と，これに対する学会等の批判を整理したものであるが，総務省が合併の背景・理由として掲げた事項には，以上のほか「まちづくり」など他の要素も掲げられており，また，これに対する反論，批判もある。これらの中から，上に掲げた合併の促進・抑制要因以外の要因も抽出できるであろう。さらにまた，合併のメリット・デメリットという観点から，様々な側面が論議されており，たとえば，合併のメリットとして，市町村の規模拡大

合併の7つの要因

合併の促進要因	①	地方分権改革
	②	人口の減少・高齢化
	③	自治体の財政危機
合併の抑制要因	①	市民に近接した民主主義
	②	地域アイデンティティー
	③	名誉職原理
	④	郡，アムト等の補完機能

による行政能力とサービスの向上，財政規模の拡大による重点投資規模の拡大，公共施設の効率的配置，あるいは，合併のデメリットとして，身近な役所の消滅とサービスの低下，周辺部の過疎化やサービスの低下等が指摘されている[8]。これらの事項からも，上の要因以外の要因を抽出することが可能であろう。

しかし，本書においては，それらの要因に関する詳細な分析は他日に譲る

表序-2　平成の大合併をめぐる主な論点の対比

合併推進論（総務省）	合併慎重論
1　地方分権のための行財政基盤の整備	
○　市町村は基礎的自治体であり，総合行政のサービス主体。地方分権の実現のためには，市町村の自治能力の向上が不可避。	○　基礎的自治体といえるための重要な要件の1つは「住民が経済的文化的に密接な共同生活を営み，共同体意識をもっているという社会的基盤が存在」（最判昭和38・3・27）することである。【1】 ○　地方の行財政基盤を強化するうえでの障害は，政府が，財源を地方に委譲せず，そのうえに，地方交付税の段階補正や事業費補正の見直しを行うなど，財源保障と財政調整の政府責任を放棄しだしたことである。【2】 ○　地方分権の課題と市町村合併の課題は本来論理的次元を異にする問題であり，市町村の行財政基盤の強化についても事務権限と財源の市町村への移譲によって十分に達成することができる。【3】 ○　まちづくり等の先進的・創造的なモデルは押しなべて人口5万人以下の小さな町や村でつくられている。あらゆる専門的な人材を1つの自治体に抱え込むことは，かえって非効率で硬直した行政構造を生み出す可能性がある。【4】

8　例えば，牛山（2005）p.155「表2-1　市町村合併のメリット・デメリット」；木佐（2003）p.41，参照。

第1節　本書の問題意識と問題設定

2　広域行政の必要性	
○　住民の生活行動圏域は大きく広がり，公共サービスの受益を受ける範囲はその納税される市町村の枠を越えて広がっている。	○　事務の広域的対応は，一部事務組合や広域連合などの<u>広域行政機構で対応する</u>ことも可能である。【5】 ○　「広域のほうが効率的である」という経済的側面からの効率性論は一面的であり，<u>民主主義，参加という点では「狭域の方が効率的」</u>であるといえる。【6】 ○　自治体の行政区画は，広域単位で提供すべきサービスと狭域単位で組織すべきサービスを総合してその最適規模を判断すべきであるが，<u>合併論ではもっぱら広域サービスのことしか論じられていない。</u>【7】

3　少子高齢化社会への対応	
○　少子高齢化社会の到来により，日本の社会構造は大きく変化。 　「税金を負担する人が減り，逆に税金を使う人が増える」。 　より市場原理に立った厳しい社会，自己決定・自己責任・自己負担の社会が国民共通の価値観となる。	○　高齢者，障害者等の生活の場でコトが運ぶようにした方が便利であり，合併して基礎自治体を大きくするよりも，<u>狭域のコミュニティ活動の顔がみえる小規模自治体の方が適している。</u>【8】 ○　現代の地域生活は，喫緊の課題である高齢者福祉の充実や住民の相互援助のための近隣関係確立の必要性をこれまで以上に高めている。【9】

4　まちづくり	
○　旧市町村が持っていたそれぞれの地域の人材，文化，産業等の資源を有機的に連携・活用しながら，新しいまちづくりを行う絶好の機会。	○　住民参加のもとで，<u>内発的なまちづくりの地道な努力</u>をし，財政的にも自立できる基盤を持って，住民自治を実践している自治体であれば，「平成の大合併」に振り回されることなく，自立していくことができる。【10】 ○　まちづくり等の先進的・創造的なモデルは押しなべて<u>人口5万人以下の小さな町や村でつくられている</u>（再掲）。

5 財政再建・行政改革	
○ 市町村合併は，行政改革の一手段。 　今後の財政構造改革のためにも，市町村合併により，地方行政のスリム化に努める必要。市町村合併は，一般的には住民の負担を増やさずに，行政サービス提供の高度化を図れる方策として，画期的な行政改革手法。	○ <u>財政危機の責任や真の対応策について言及もないまま，その処方箋を地方交付税の総額圧縮や市町村の広域再編による自治体合理化に求めている。</u>【11】 ○ 財政赤字の原因は，市町村が3,200余あるからではない。政府が不況対策の公共投資政策を地方に押し付けたことなど，<u>赤字の主因は政府の側にあり</u>，その原因となった中央統制を取り除く作業が必要だ。【12】 ○ 人口30万を超えると経費が多くなるなど，単純に人口が増えるだけで行財政効率が良いとはいえない。人口規模が増えてもそれ以上に面積規模が大きくなると，<u>人口規模の利益が面積規模の不利益によって相殺され</u>，本当に行政経費が少なくて済むかどうかはわからない。【13】 ○ <u>合併11年目以降は「一本算定」による地方交付税減額と借金返済により，きびしい財政状況に立ちいたる。くらしや福祉の財源確保は困難になる。</u>【14】 ○ 合併前の立派なハコ物の「駆け込み建設」，<u>合併特例債を活用した身の丈をこえた大規模プロジェクト</u>など，まさに「合併バブル」といった状況がみられる。【15】
6 自主的な合併	
○ 合併は国のためにやるものでもなく，また国が無理矢理させるものでもない。住民の利益，納税者の利益のために行うもの。また，手続も政府が進めているのは自主的な合併であり，住民の自主的な決定によるもの。	○ 自主的合併の法形式は残しながら，合併に対する財政的な優遇措置（アメ）と合併しない小規模自治体への兵糧攻め的な財政的圧迫（ムチ）を働かせて，国が政策的に合併を推進するものであり，まさしく，「アメとムチ」による強制的合併である。【16】

(出典)「合併推進論」の欄は，総務省HP『合併協議会の運営の手引——市町村合併法定協議会運営マニュアル　第1部　政策編』を抜粋，要約。
　　　「合併慎重論」の欄は，以下の出典から要約，抜粋。下線と強調は筆者による。
【1】　三橋ほか（2000）p.141。
【2】　保母（2002）p.9。
【3】　渡名喜（2002）p.49。
【4】　加茂（2002）pp.53-54。
【5】　渡名喜（2002）p.49。
【6】　三橋ほか（2000）p.142。
【7】　加茂（2002）p.52。
【8】　保母（2002）pp.8-9。
【9】　山崎（2003）p.49。
【10】　進藤（2003）p.10。
【11】　渡名喜（2002）p.49。
【12】　保母（2002）p.9。
【13】　加茂（2002）pp.56-58。
【14】　初村ほか（2003）p.111。
【15】　山田（明）（2003）p.36。
【16】　加茂（2002）pp.43-46。

こととする。今回は，とりあえず日独間の相違を説明する上で重要な要素をなすと思われる，前述した7つの要因（ベクトル）がどのような方向と力で，市町村の地域改革を促進ないし抑制するものであったのかを，本書のリサーチ・クェッションとして設定することとしたい。

第2節　先行研究の状況

1　日本の市町村合併についての先行研究

市町村の最適規模に関する研究

　日本における市町村の最適規模については，いくつかの研究成果がある。まず，PHP総合研究所の編集になる『日本再編計画』は，「無税国家」構想を原点に，国と地方の行財政改革によって大幅に歳出を削減し，余剰財源を基金化することを通じて，(1)財政危機の打開，(2)高齢化社会の到来に伴う

序　章　問題設定と先行研究

福祉財源の確保，(3) 21世紀における社会活力の向上を実現する国家経営の方策を提示したものであるが，この中で，市町村の人口規模と1人当たり歳出額の関係がL字型になることを示した（図序-2）。したがって，最適規模という概念はないが，小規模市町村の非効率性を財政的な観点から指摘したものということができる[9]。

　次に，吉村（2003）は，「市町村合併の現代的意義およびその必要性を日本の近現代史における『変革』のなかに位置づけて考察する」観点から，市町村規模と財政，市町村合併と人件費などに関する広範な研究を行い，市町村合併の地方財政への効果を定量的に提示した。すなわち，1994年度のデータにもとづき，市部における職員数の観点から見た最適都市規模は人口32〜33万人[10]，人口当たり人件費を最小とする都市規模は人口27〜29万人[11]，人口当たり歳出総額を最小とする都市規模はおおむね人口20万人[12]，同様に，基準財政需要額では人口27万8,000人[13]，財政力指数では人口31万7,000人[14]という最適都市規模の結論を得ている。たとえば，図序-3は，全国の市の人口規模と普通地方交付税の基準財政需要額（人口1人当たり）との相関を表したものであるが[15]，グラフはU字型を示し，普通地方交付税の基準財政需要額から見た場合，27万8,000人の規模において1人当たり123,800円の最小額となり，財政的にもっとも効率的であることを示している。

　これに対して，岩崎（2002）は，「自治体としての適正規模は，自治体がどのような地理的状況に位置しているのか，どのような仕事をするのか，どのような人々が住んでいるのか，どのようなサービス供給方法をとっているのかにより異なる」，「全国一律に適用できる基礎自治体の適正規模などな[16]

9　PHP総合研究所（1996）p.125。
10　吉村（2003）pp.40-44。
11　同上，pp.79-85。
12　同上，pp.132-133。
13　同上，p.170。
14　同上，p.171。
15　同上，p.170。

第2節　先行研究の状況

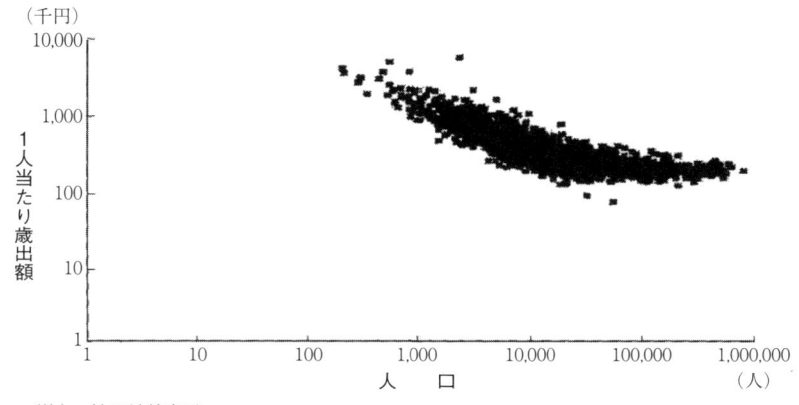

図序-2　市町村の人口規模と1人当たり歳出額

（注）　軸は対数表示。
（出典）　PHP総合研究所等『日本再編計画』（1996年）p.125。

い」のであり，「基礎自治体に適正規模があるとすれば，それぞれの地理的属性や経済社会状況により大別された地域における適正規模であろう。さらに，公共サービス供給を自治体自身で行うことを前提とするか，サービス供給において当該自治体以外のアクターの参加を前提とするかをはっきりさせておく必要があろう。それにより適正規模は異なってくるからである」[17]とする。

私見によれば，自治体の最適規模は，単なる財政的観点からだけでなく，それ以外の観点も考慮に入れて議論しなければならない。結論的にいえば，それは，市町村がどのような行政事務を遂行すべきか，どのような地理的位置を占めているのか，どのような歴史的な経路を歩んできたかによってことなるものであり，絶対的な意味での最適規模というものは存在しないといえよう。

特に，このことは，日本とドイツの市町村の規模が大きく異なることから

16　岩崎（2002）p.280。
17　同上。

序　章　問題設定と先行研究

図序-3　都市の人口規模と人口当たり基準財政需要額および人口当たり基準財政収入額（都市階層別）──全国の市（東京23区を除く）

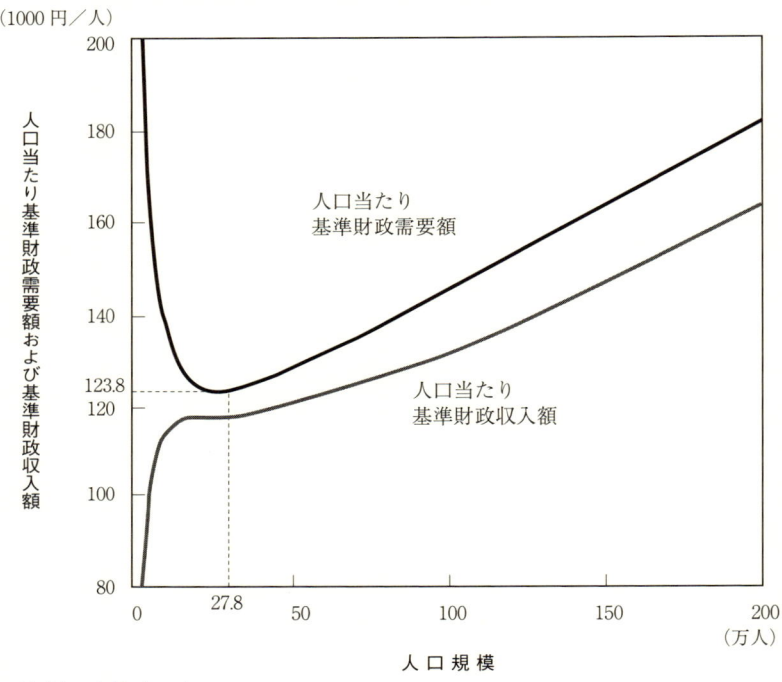

（出典）　吉村（2003）p.170。

も，明らかである。なぜなら，もし「最適規模」というものが財政的観点からのみ決定されるのであれば，両国における市町村の規模は早晩その最適規模に向かって収斂していくはずであるからである。しかし，現実には，両国とも市町村の規模は拡大の方向にはあるものの，一定の規模に収斂しつつあるとは到底思えない。このことは，市町村の規模が財政的な観点のみで決定されるものではないということを示しているものと考えられる。

合併の促進・障害要因に関する一般的研究

　巻末の参考文献一覧に示したように，日本とドイツのそれぞれにおける最近の自治体合併等の状況については，多くの研究成果がある。しかし，日本におけるそれらは，当然のことながら日本の市町村合併に関するものがほとんどであり，ドイツを含む諸外国との比較研究はきわめて少ない。そのうち，市町村合併の促進・抑制要因に焦点を当てた研究はなおさら少ない。

　例えば，牛山（1999）は，いわゆる「昭和の大合併」について，「この時期の合併の特徴は，地方自治の強化という戦後の民主化政策の推進の中で，自治体としての行政事務を遂行しうる実質の確保が求められていたのであり，そのための規模が求められていたといえよう」と総括し，「さらにその背景には戦後の混乱の中で，地方財政が窮迫していたことがあり，このことも市町村合併の大きな要因となっていたことには注意を要するであろう[18]」とした。また，牛山が同書を著した当時においては，「平成の大合併」は，まだ，これほど進展していなかったが，その理由について，「中央政府による決定的な方策が講じられていない」こと，「合併を抑制する要因として，合併のデメリットへの不安が依然として大きいほか，市町村合併が『政治的単位の再編』であり」，「深刻な財政危機が合併によって解消する保障がないばかりか，行政改革につながるかどうかさえ不透明であることも合併を躊躇させる要因となっている[19]」と指摘した。

　その後も，牛山（2009）は，「平成の大合併」について「結局のところ，市町村合併は，少子高齢化や過疎化，中央－地方を問わない財政状況の窮迫に多くの根拠を見出し，推進されることとなったのである[20]」と概括的に述べているのみである。

　牛山のこれらの書は，このように，自治体の行政執行能力の整備，地方財政の窮迫，少子高齢化や過疎化等が合併を促進する要因であるとは指摘する

18　牛山（1999）p.5。
19　同上，p.4。
20　牛山（2009）p.58。

ものの，それぞれの要因についての具体的な分析・論証は明らかにしていない。

　金沢（1999）も，市町村の規模について，あまりに小さいと「首長はもとより地方議会の議員ですら無投票当選が常態化し，政治勢力の競い合いが消滅する恐れ」があり，「他方，あまりに大きすぎると議員や行政担当者との距離が開きすぎて，住民の意思・意見が施策に反映しにくくなる」とし，「両極端は望ましくない」と指摘したが[21]，その研究の重点は「積極的な合併促進方策について，望ましい住民サービスのあり方を探る観点から評価を加えること」[22]にあり，関心は合併の促進・抑制要因の分析とは別のところにある。

合併の促進・障害要因に関する実証的研究

　合併の促進・障害要因の実証的分析を行おうとした研究としては，次のような研究がある。

　まず，真渕（1998）は，1950年代の「昭和の合併」について「なぜ市町村合併は迅速になされたのか」を問題の1つとして設定し，その理由を解明しようとした。そして，その結論として，① 国のリーダーシップ，② 特別措置（特別法による選挙区と議席数の特例，地方交付税の特例および地方債の特例），③ ドミノ式の拡散（「中心から周辺へ」（大都市→郊外市町村→地方），「同時発生」（隣接した場所での合併））を掲げるとともに，③のドミノ式の拡散の理由として，市町村の固有の理由，大都市の近隣への刺激，郊外の市町村の影響，「バスに乗り遅れたくないという状況」等を指摘したが[23]，それは合併を巡る政治学的な観点からの研究が中心であり，前述したような社会・経済システムや文化・思想システム等との相互関係における市町村合併に対する促進・抑制要因までは論じていない。

21　金沢（1999）pp.45-46。
22　同上，p.39。
23　真渕（1998）p.68。

同書は，「昭和の合併」に関する「有意性」についての説明として，第1に，都道府県が「今日まで合併を成功裏に拒否してきたこと[25]」と比較して「市町村の境界のダイナミックな変化は印象的[26]」であること，第2に，「効率性や経済性など合併の長所は，間接的に確認されたり実施後かなりたってから実現したりする特徴があるのに対し，その短所は直接的にまたすぐに現れるという側面がある[27]」こと，第3に，「昭和の合併」の方が「1961年以降の合併」より「ずっと難しかった」ことを指摘した（その理由として，1950年代の小規模市町村の住民の多くは裕福な農民であり，その生活は自己のコミュニティ内で完結していたため，行政の境界を変える必要はなかったことにより「昭和の合併」が「上からの合併」になったのに対して，1961年以降の合併は，社会経済的な境界の変化が先行していたとし，「下からの合併」として特徴づけられるとしている）[28]。

これらの「有意性」についての指摘は，「迅速」という言葉が相対概念であることから，何と比較して「迅速」なのかを出発点において明確にしておく必要があったため，「昭和の合併」時とその前後の時期とを比較して（より）「迅速」であったとする趣旨であろうが，本書におけるような，日本以外の国と比較した分析は行われていない。

なお，同上書で，真渕は，市町村合併と民主主義との関係について「もし合併後の投票率が，合併前のそれと同様に高いのであれば，合併が常に政治への関心を住民から奪っているわけではないと結論できる」との考えのもとに，1963年の衆議院選挙の結果を使用して，合併をした市町村と合併しなかった市町村を比較している。その結果は，前者において投票率がわずかに上がったと指摘し，この事実を「合併が常に政治への関心を住民から奪う」

24　同上，p.57。
25　同上。
26　同上。
27　同上，pp.57-58。
28　同上，pp.58-59。

とする「紋切り型の知識への反証」として有効とした[29]。

その後，真渕（2003）は，「これまで全く注目されて来なかった異質性の増大の側面に注目」した分析を行った。すなわち，合併により，それまで別々の市町村に属していた住民が1つの市町村を構成することとなる結果，市町村の政治・行政を自分自身のものとは感じなくなり，政治的な関心を低下させるとし，これを，平均情報量（エントロピー）によって測定した。その結果は，従来（真渕自身は）「市町村合併が民主主義に及ぼす効果をどちらかといえば肯定的にとらえてきた」が，ここでの結論は「それよりわずかに警戒的である」としている[30]。

いずれにしても，以上の真渕の研究は，本書の問題設定とも方法論とも異なる視点に立つものといえよう。

横道・和田（2001）は，当時「平成の大合併」が本格化しようとしていた状況を踏まえ，「これからの市町村合併を考えるに当たっての参考に資するため」[31]，それ以前，平成に入って以降に行われた市町村合併9事例を取り上げ，合併の促進あるいは障害となった要因について実証的な分析を行った。

これによれば，合併の促進要因として，①日常生活圏の一体化（ただし，合併実現のための十分条件ではなく必要条件であろうとし，日常生活圏の一体化が進んだとしても合併が進むとは限らないとしている），②合併動機の存在（県庁所在都市や広域行政圏の中心都市が周辺の町村も合併して都市の拡大発展を目指そうとしたもの，および市町村の区域を越える広域プロジェクトを一体的・効率的に進め，地域の発展を図っていくために関係市町村間の合併が促進されたもの），③首長・議会のリーダーシップ，④都道府県の協力・支援を掲げた[32]。

また，合併の障害要因として，①新市の名称，②事務所の位置，③議会議員の身分取扱い，④行政水準等の格差（行政水準や住民負担の格差問題），

---

29 同上，pp.69-71。
30 真渕（2003）p.209。
31 横道・和田（2000）p.110。
32 横道・和田（2001）pp.118-125。

⑤ 周辺部対策（周辺地域がさびれてしまうのではないかという懸念）を取り上げている[33]。

そして，これからの市町村合併を考えていくにあたっては，これらの事例を先例として踏まえつつも，いくつかの新しい視点を加えていくことが必要となるとして，市町村合併の「促進要因」として，従来型の都市拡大や広域プロジェクト推進を目的とした合併に加えて，① 地方分権時代の到来に対応した基礎的自治体としての行財政能力の強化，② 厳しい財政状況の中で少子高齢社会を乗り切るための効果的効率的な行政体制の確立，あるいは，③ 厳しさを増す都市間競争の中で都市として生き残りを図るといった時代環境の変化に伴う要請が新たな促進要因として働いてくるものと予想している[34]。

また，横道（2003）は，市町村の行財政能力の強化に関して，「今回の分権改革においては，」「市町村に対して，多くの新たな事務を担える存在となることが期待されているわけではない」。「市町村が処理する事務は従来とあまり変わらないかもしれないが，それを国や都道府県の『通達・通知・準則』あるいは行政指導に従ってではなく，自分たちで考え判断して処理できる存在となること，すなわち，量的な行政能力の拡大ではなく，質的な行政の能力の高度化が求められているのである」との見方を示している。

さらに，同書は，最近の地方自治制度および社会経済環境の両面にわたる大きな変化に対応するため合併が行われたととらえ，その新しいタイプの市町村合併として，① 篠山市（1999年4月1日，合併），② 西東京市（2001年1月21日，合併），③ 潮来市（2001年4月1日，合併）の3つの事例を取り上げている。そして，これらはこれまでの「開発・成長型合併」と明らかに異なるタイプの合併であるとし，いずれも，地方分権の進展と少子高齢化などの社会経済情勢の変化が念頭に置かれているとした[35]。そのうえで，篠山市は広

---

33 同上。
34 同上，pp.126-128。
35 横道（2003）p.15。

序　章　問題設定と先行研究

域行政ではなく合併を選択し，西東京市は行政改革の手段として合併をとらえ，潮来市は行財政基盤の強化を目的として合併を行ったと総括している[36]。そして，現在の市町村は，地方自治制度および社会経済環境の両面にわたって，明治の大合併や昭和の大合併の時よりさらに厳しい大きな変化の波に洗われており，市町村がこの二つの大きな変化に対応しそれを乗り切っていくためには，昭和の大合併の時以上に，その能力向上・規模拡大・効率化が求められているとして「平成の大合併」の必要性を論じている[37]。

　以上のように，これらの研究のいずれにおいても，その要因の分析は，政治学的観点を中心とするものであり，また，国際的な比較研究も行われていない。特に，横道・和田（2001）が合併の障害要因とした，上記の「新市の名称」「事務所の位置」「議会議員の身分取扱い」「行政水準等の格差」「周辺部対策等」は，個々の合併の成否等の説明要因とはなりえても，例えば，日本とドイツの合併の進捗に関する全体的な相違を説明する要因とは考えにくい（これらの個々の要因が日本とドイツの間で決定的に異なると認められる場合は別であろうが）。

2　ドイツの市町村合併についての先行研究

　森川（2005）は，ドイツにおける市町村の歴史と現状，ラインラントプファルツ州，ニーダー・ザクセン州，シュレスヴィヒ・ホルシュタイン州，バーデン・ヴュルテムベルク州，ノルドライン・ヴェストファーレン州，チューリンゲン州，ブランデンブルク州，ザクセン州における市町村の現状ならびにドイツと日本の市町村の相違，「平成の大合併」に関する批判的考察など，ドイツにおける地域改革を中心に広範，詳細な研究成果を掲げている著作である。

　同書によれば，まず，旧西ドイツ地域の諸州では1960年代半ばから1970

36　同上。
37　同上，p.21。

20

第2節　先行研究の状況

年代末にかけて地域改革が空間整備政策（Raumordnungspolitik）ときわめて密接な関係のもとに実施され，州行政区（Regierungsbezirk）をはじめ郡や市町村の改革が行われ，「有能な少数の市町村や市町村連合を形成することは，空間整備政策における階層的な中心地システムの構築にとっての前提条件であり，全国的な『同等の生活条件（gleichwertige Labensverhältnisse）の確立』への基礎と考えられていた」点にドイツの特徴があったとしている[38]。

　また，旧東ドイツ（新州）の市町村は旧西ドイツ諸州の市町村地域改革前とほぼ同じ状況にあったが，1990年の再統合後，旧西ドイツ諸州の市町村や郡を見習う形で地域改革がいち早く実施され，1933年以後約60年ぶりに市町村自治が復活することになったと述べている[39]。

　ドイツの各州においては，市町村に関する地域改革の目標が示されており，ノルドライン・ヴェストファーレン州，ヘッセン州，ザールラントの3州ではすべて単一自治体に統一され，その人口規模はノールトライン，ヴェストファーレンとザールラント州では8,000人以上とされている[40]。

　旧東ドイツ地域の新州では市町村連合は単一市町村に比べて非効率であるといわれるが，旧西ドイツ諸州では森川の調査した5州のいずれにおいても，時間がかかる点では問題があるものの，統合市町村や連合市町村もアムトや行政共同体も，経済的に非効率とは考えられていないと指摘し，それはこれらの市町村連合組織が有する「市民近接性」にもとづくメリットにもよるが，構成自治体の任務に名誉職の役員が多く，経費が節減される場合もあることによるものであり，また，ノールトライン，ヴェストファーレン州では単一自治体への合併によっても経費節約にはならなかったという意見があることを紹介している[41]。

　さらに，少なくとも旧西ドイツ諸州の地域では，30年前の市町村地域改

38　森川（2005）p.5。
39　同上，p.16。
40　同上，p.18「第7表　ドイツ各州における市町村制度の比較」参照。
41　同上，p.222。

革に対して根強い批判があり，住民生活にとって最重要の場所は──自家用車の普及によって住民の生活圏が拡大した今日においてさえ──住民が見渡せる小地域であり，小さな生活圏であるとし，そこでは，各人は小集団の中で組織され，責任をもって行動することができるのに対して，大組織は人々に敵対的で，かつ官僚的で無責任であるとの批判を紹介している。

これに対して，旧東ドイツの諸州では「市町村の財政状況が著しく窮乏しており，行政経費の節約が深刻な状況にあり，市町村合併には抵抗はあるが，民主的な自治の確立よりも行政の合理化が優先しており将来さらに市町村合併は進む方向にある」と予想している。

また，日本における「昭和の大合併」(1953・54年ころ) と旧西ドイツの1960・70年代における市町村地域改革を比較し，両者はほぼ同一の人口規模を目指した改革と見ることができるが，その実態は──例えば市町村連合の形成や名誉職役員の存続など──大きく異なっており，ドイツでは少なくとも市町村地域改革という点では日本の「明治の大合併」にあたる改革を経験せず，さらに，「平成の大合併」に対応する改革の計画もないので，両国の市町村は今日大きく異なった状況下にあると総括している。

さらに，森川 (2008) は，「行政地理学」の立場から，日本とドイツの地域改革を取り上げている。その中で，1993・94年以降，旧東ドイツ諸州では，旧西ドイツ諸州を見習う形で郡の合併や市町村の地域改革が行われ，その特徴は，① 多くの残存する小規模村を統合することによって行財政力を強化した，② 市町村連合制度に不慣れでありその運営にはトラブルが多い，③ 市町村の財政状況が著しく窮乏している中で，州から支給される交付金の算定上人口規模が大きいほど有利となるので市町村合併による人口規模が魅力であった，④ アムトに比べ単一自治体の方が節約が可能であった点にあると指摘しているが，本書が目指しているような合併の促進要因と抑制要

42 　同上，p.231。
43 　同上，p.235。
44 　同上，p.244。

因のそれぞれについての分析は行われていない。

以上のように，森川の両著作はドイツの市町村の地域改革について，膨大な情報を整理し，様々な興味ある視点からの分析を進めているものではあるが，本書のような問題意識と方法により，日独の市町村の規模の相違について，その原因・理由を明らかにしようとしたものではないということがいえよう。

次に，Kuhlmann（2009）は，サブナショナルなレベルにおける政治改革と行政改革のプロセス，内容およびその影響に関するドイツとフランスの比較研究であるが，その中で，両国の地域改革についても触れている。すなわち，両国における共通点は，地方分権改革の推進，すなわち地方自治体へ国家事務（州の事務）を移譲し，自治体を強化することにあるが，ドイツにおいては自治体合併等による規模の拡大が目指されたのに対して，フランスにおいては自治体間の協力によったと指摘している。また，フランスにおいては，自治体の議会が関与できることとなる「真正地方分権」が目指されたのに対して，ドイツの分権は，自治体の議会が国家事務（州の事務）に関与できない「非真正地方分権」であったと総括している[46]（表序-3）。

表序-3　ドイツとフランスにおける地方分権・地方分散・地域改革の比較

類　　型	ド　イ　ツ	フ　ラ　ン　ス
地方分権	行政的地方分権としての機能・行政構造改革（「非真正地方分権」）	政治的地方分権（「真正地方分権」）
地方分散	州の中級・特別官庁の廃止，部分的には州の中級役所の強化	中央行政の地域化：外部サービスの自治化
地域改革	何次にもわたる地域改革；リージョン郡モデル	「自治体間連携革命」自治体合併の断念

（出典）　Kuhlmann（2009）p.137.

45　森川（2008）pp.166-167。

すなわち，同書は，独仏両国における市町村合併が地方分権改革の推進を目指したものであった点を指摘したにとどまり，本書のような問題意識と方法により，市町村の規模の相違についての比較研究によって，その原因・理由を究明しようとした研究ではないということがいえる。

第3節　ドイツ地方自治用語の日本語訳

本書で用いるドイツ語の日本語訳は別表のとおりである。

ただし，日本とドイツの自治体の地域改革に関する諸概念は，表面的に見れば似ているように見えるものも，子細に観察すれば，日独両国の地方制度の相違等によって内容に大きな違いがあることに留意が必要である。そこで次章以下では，概念を慎重に定義する必要があると思われる「地方自治」「地域政府」「地域改革」等について詳述する。

46　Kuhlmann（2009）p.137.

第3節　ドイツ地方自治用語の日本語訳

別　表

ドイツ語	日本語
Land, Bundesland	州
Regierungsbezirk	州行政区
Selbstverwaltung	地方自治（行政）
(Lokale) Gebietskörperschaft	地方公共団体・地方自治体
Kreis, Landkreis	郡
Kreisrat	郡長
Kreistag	郡議会
Gemeinde	市町村（市 Stadt を含む）
Gemeinderat	市町村議会
Nichtkreisangehörige Stadt	特別市（非郡所属都市）
Kreisangehörige Stadt	郡所属都市
Verbandgemeinde	連合市町村
Verwaltungsgemeinschaft	行政共同体
Samtgemeinde	統合市町村
engere Gemeindeverbänd	市町村小連合
höhere Gemeindeverbände	市町村大連合
Gebietsreform	地域改革
Gemeindefusion	市町村合併
Raumordnungspolitik	空間整備政策
Einheitlichkeit der Labensverhältnisse	生活関係の統一性

第Ⅰ部 日独における地域改革の動向

第1章
日本とドイツの地方自治制度と「地域政府」

第1節　日本とドイツの地方自治制度

1　地方自治の3つのモデル

　クールマンは，フランス，イギリスおよびドイツにおける伝統的な地方自治の特徴を表1-1のように整理している[1]。

　まず，フランスの地方自治体は，政治的に「強い」という特徴を持つ。とりわけ，国の政治プロセスに対する市長の影響力が大きい。しかし，機能的には，(1980年代に入るまで)「弱い」自治行政単位を構成し，イタリア，ベルギー，スペイン，ポルトガルおよびギリシャとともに「フランコ・グループ (Franco Group)」に属していた。

　次に，ドイツの地方自治体の特徴は，憲法で保障されて広く事務を担当し，政治的にも機能的にも「強い」ということである。これによって，スカンジナビア諸国，オーストリア，スイスおよびオランダとともに「北欧・中欧グ

1　Kuhlmann (2010) pp.104-106.

表1-1 各国比較における自治体モデル（伝統的側面）

フランス	イギリス	ドイツ	日本
機能的に弱い自治体；憲法による保障；強いセクト的国家行政・知事 単一目的モデル・機能組織	権限踰越の法理；しかし，機能的に強い自治体；高度の自治；二元政治 多目的モデル・地域組織	機能的に強い自治体；憲法による保障；しかし，制限された自治 多目的モデル・地域組織	機能的に強い自治体；憲法による保障；しかし，制限された自治 多目的モデル・地域組織
統合された国と地方の事務；国の行政の混合システム	分離された国と地方の事務；分離システム	統合された国と地方の事務；地方の行政の混合システム	分離された国と地方の事務（？）；分離システムの方向（？）
地域パッチワーク（南欧モデル）	「過大サイズ」；リージョン次元（北欧モデル）	多様な地域構造（南欧北欧モデル） 行政連邦的多様性	「過大サイズ」；リージョン次元（北欧モデル）（？）
政治的に強い（都市シーザー主義（Cäsarismus））；地域貴族による国家の「植民地化」	政治的に弱い（少ない）「リーダーシップ」・コミュニティのアイデンティティー	政治的に強い議会・首長	政治的に強い議会・首長

（出典）Kuhlmann (2010) p.106（フランス，イギリスおよびドイツの欄）に筆者加筆（日本の欄）。

ループ（North Middle European Group)」に分類されている。

　これに対して，イギリスの特徴は，中央の政治が基本的には立法に，地方自治体が公共事務に従事し（「2元政治システム（dual polity）」），1980年代に入るまでは，やはり地方自治体が広く事務を担当していたということである。中級ないし下級レベルにおける政府の行政機関は設けられなかった。他方，地方自治体は，憲法上の保障された地位を持たず，伝統的な「権限踰越の法理（Ultra-vires-Regel）」によって，議会の制定した法律によって明確に移譲された事務のみを遂行することとされている。イギリスの地方自治体は，単なる自治行政体としてだけでなく，自治政府（地域政府）として認められているにもかかわらず，政治的には比較的「弱い」立場にある。イギリスには，ドイツやフランスのような市長は存在せず，コミュニティーのアイデンティ

早稲田大学ブックレット「震災後」に考える 最新刊案内

新聞は大震災を正しく伝えたか──学生たちの紙面分析
早稲田大学教育・総合科学学術院教授 花田 達朗＋教育学部 花田ゼミ 編著

[5月10日発売]

今までと同じゼミナールでいいのか。学生たちと教師は大災害の衝撃にまっすぐに向きおうと教授研究室を工房とし、新聞紙面に目を凝らし被災地の声に耳を傾け、報道の実像を追った。NHK総合で話題（「震災報道検証:大学生が書籍に」）。（A5判・122頁・定価987円・978-4-657-12308-4）

第1部 実証的視点──全国紙が見た震災・地方紙が見た震災─記事間類分析は何を教えるか／震災報道の「顔」─「河北新報」の情報源を検証する／津波被災は持続的に報道されたか─阪神淡路大震災との比較から

第2部 批判的視点──新聞記者はなぜ「大本営発表」と批判されたか／フルトニウム報道から見る在京紙と地方紙─福島県民を守るのはだれか／写真分析から見えた新聞記者の葛藤─報道の責任か、身の安全か／新聞が伝える「死」─「死」と向き合い、考える

第3部 4つの場所から考える──石巻市立大川小学校─検証記事をどう活かすか／南三陸町防災対策庁舎─報道対象の一極集中はなかったか／長野県栄村─もう1つの被災地と地域の営みからの報道／牡鹿半島・十八成浜─「がんばれ」は思考停止の言葉、ほか

「日常」の回復──江戸儒学の〝仁〟の思想に学ぶ
早稲田大学文学学術院教授 土田 健次郎 著

[5月10日発売]

壊滅した街の瓦礫の中で、人びとは前日までと同じように分けあい助けあった。非常時にも日常の倫理は変わらない日本人の心性の源泉を、近世の儒学思想に求め、明日への生き方を確かめる。（A5判・102頁・定価987円・978-4-657-12313-8）

はじめに──なぜ「日常」が問題なのか
第1章 日本集団主義論──「世間」「空気」「間人」「甘え」「恥の文化」
第2章 江戸時代の歴史意識──連続する現状と個人の生
第3章 江戸時代の社会意識──家職の世界と全体への献身
第4章 伊藤仁斎の達成──日本的日常の思想としての〝仁〟
第5章 仁斎思想の性格──一般生、我を相殺との比較から
おわりに──「ならぬもの」のありか─日常の中の不変なるもの

早稲田大学ブックレット「震災後」に考える

※A5判・平均88頁・定価987円（020号は特別価格1,260円）

001 災害時にこそ問われる学級経営力 —岩手・三陸編 河村茂雄 編著
震災直後から1学期末までの岩手県内陸部・沿岸部の教師たちの取組を通じ、平素からの学級経営の大切さと、その実践力を身に付ける方法を明らかにする。全国教職員必読の書。(978-4-657-11301-6)

002 災害に強い電力ネットワーク—スマートグリッドの基礎知識 横山隆一 編著
大地震と原発事故によって世界に誇る日本の電力システムに何が起きたのか。再生可能エネルギーや地産地消型電力網への期待を現実にするために不可欠の先端技術をやさしく紹介する。(978-4-657-11302-3)

003 東日本大震災とコンビニ —便利さ（コンビニエンス）を問い直す 川邉信雄 著
折り重なる瓦礫のなかで身を挺してライフラインを守り、モノとサービスを提供しつづけようとした人々への共感をこめて、日本コンビニ研究の権威がつづる6ヶ月の観察記録。(978-4-657-11303-0)

004 3.11 津波で何が起きたか —被害調査と減災戦略 柴山知也 著
構造物だけではいのちを守れない。従来の研究を根本から問い直す巨大津波の実態、沿岸防災に必要なものは何か。十分な科学的根拠と地域の視点から将来に備える。(978-4-657-11304-7)

005 地方自治体は重い負担に耐えられるか —「民」の力を結集する方法 小林麻理 編著
大震災の被害に立ち向かう自治体の財政は厳しく、行政力には限りがある。企業・NPO・市民参加など、民間の様々な力を集める調整役としての自治体の新しい役割を描く。(978-4-657-11305-4)

006 拡大する放射能汚染と法規制 —穴だらけの制御の現状 日置雅晴 著
拡大する放射能汚染の実情と、わが国の放射能規制の現状。自分と大切な家族を守るために知っておくべき事実を、日弁連原子力問題PTメンバーの弁護士が明らかにする。(978-4-657-11306-1)

007 0泊3日の支援からの出発 —WAVOC・学生による震災支援活動 加藤基樹 編著
「何かをしなければ」という強い思いに突き動かされ、ボランティア活動に参加した大学生たち。彼ら・彼女らの現地での体験、その後の心の変化などをつづった記録集。(978-4-657-11307-8)

008 復興政策をめぐる《正》と《善》—震災復興の政治経済学を求めて①
鈴村興太郎・須賀晃一・河野勝・金慧 著
災害の緊急事態に対応する政策・制度を構想し遂行していくための必須の視点は何かを問う。既成の評価基準を再検討し、正しい選択のしくみと考え方を示す。(978-4-657-11308-5)

009 東日本大震災と憲法 —この国への直言 水島朝穂 著
震災後間もなく、原発20キロ圏の南相馬市から大熊町字古里地区まで800キロにわたる現地取材を敢行。憲法に基づく「人権」「平和」「自治」による復興への課題と展望をつづる。(978-4-657-11308-5)

012 被災地の子どもの心に寄り添う ―臨床心理学からのアドバイス 本田 恵子 編著 【04.10刊】

大災害に直面した子どもの心や体に起きる反応に、おとなはどう対応すればよいか。震災後1年間、子どもたちやこども もたちを支える人々の声を聞き一緒に考えたことをまとめました。(978-4-657-12302-2)

013 三陸にビジオパークを ―未来のいのちを守るために 髙木 秀雄 著 【04.10刊】

暮らしを再建し過疎化を食い止めるとともに、地震・津波をはじめ防災教育を盛り込んだ施策はないか。この問いに答え、国民の地質・地形学についての知識、地震が意外に正しい状況に一石を投じる。(978-4-657-12303-9)

014 大規模災害に強い自治体間連携 ―現場からの報告と提言 稲継 裕昭 編著 【04.25刊】

3月11日夕、福井県では消防、防災ヘリ、DMATが出動準備に入った。京都府からは約400名の救助隊が、そして各府県から多くの人々が被災地に向け出発した。危機における遠隔自治体からの支援のあり方を考える。(978-4-657-12304-6)

015「日常」の回復 ―江戸儒学の「仁」の思想に学ぶ 土田 健次郎 著 【最新刊】

壊滅した街の瓦礫の中で、人びとは前日までと同じように分けあい助けがあった。非常時にも日常の倫理を喪わない日本人の心性の源泉を、近世の儒学思想に求め、明日への生き方を考える。(978-4-657-12313-8)

016《当事者》としていかに危機に向き合うか ―震災復興の政治経済学を求めて② 中村 民雄 編著 【04.25刊】

河野 勝・小西 秀樹・荒木 一法・清水 和巳・反利 厚夫 著

被災地の復旧・復興に、原発事故への対処、管理に、次世代に、未来世代に暴露が及ぶ重要な意思決定をいかに行うか。専門家は、政策提言に際してどのような責任を負っているのか。(978-4-657-12307-7)

017 早く的確な救援のために ―初動体制ガイドラインの提案 【04.25刊】

東日本大震災では、地震と津波による自治体機能の喪失およびインフラ破壊等の事情により、自治体などの公的機関による初動救援は十分に行われなかった。官民連携による効果的な初動救援の具体的なモデルを提言する。(978-4-657-12310-7)

【カラー分類（ご参考）】●専門知識・理論 ●地方自治体 ●教育 ●企業などで役立つ実践的知識 ●教養 ●学生の活動・生活

書名横の□欄に冊数をご記入のうえ、お近くの書店・大学生協でご注文ください（018〜020の注文票は、表面にあります）。

お名前

ご担当者名

帳合印

株式会社 早稲田大学出版部
http://www.waseda-up.co.jp/
TEL 03-3203-1551

FAX（書店・生協専用）
03-3207-0406

お電話番号

009

震災後間もなく、原発20キロ圏の南相馬市から大槌町吉里吉里地区まで800キロにわたる現地取材を敢行。憲法に基づく「人権」「平和」「自治」による復興への課題と展望をつづる。(A5判・104頁・定価987円・978-4-657-11308-5)

第Ⅰ部 現場を行く
「想定外」という言葉――東日本大震災から1カ月／災害派遣の本務化へ／郡山から南相馬へ／「トモダチ」という作戦／「避難所」になった女川原発／石巻と大船渡――被災地における新聞の役割／南三陸、気仙沼、釜石など／自衛隊／陸前高田の人々／大槌町吉里吉里

第Ⅱ部 東日本大震災からの復興に向けて――憲法の視点から
1 震災後初の憲法記念日に 2 大震災からの復興と憲法 3 大震災における多様なアクターの活動 4 災害と権利 相馬からどうするか 5 国会と政府はどうだったか――「政治手動」の結果 6 足尾銅山問題とフクシマ――田中正造の視点 7 新しい連帯の芽生え――ケルン・リューリッヒ・ベックの主張から

---

018 新聞は大震災を正しく伝えたか――学生たちの紙面分析
花田 達朗+教育学部 花田ゼミ 編著 【最新刊】

今までと同じでよいのかールでいいのか。学生たちと教師は大災害の衝撃にどう向き合おうとぜミを工房とし、新聞紙面に目を凝らし被災地の声に耳を傾け、報道の実像を追った。NHK総合テレビで話題。(978-4-657-12308-4) 【5月下旬発売】

019 東日本大震災と環境汚染――アースドクターの診断
香村 一夫・名古屋 俊士・大河内 博 著 【5月下旬発売】

津波による複合汚染、地盤沈下と液状化、建物取壊しに伴うアスベスト飛散、福島第一原発からの放射性物質の拡散――。正しく安心し恐れるために、汚染の実態を明らかにする。(978-4-657-12306-0)

020 ともに生きた 伝えた――地域紙「石巻かほく」の1年
三陸河北新報社 著

最大被災地のただなかで、みずからも被災者として多くの死に向き合い、がれきとたたかい、必死に生きて紙面をつくり、街のすみずみへ、避難所・仮設・名所へ、情報を届け続けた日々の記録。**特別価格 1,260円**。(978-4-657-12314-5)

お名前

お電話番号

書店様の□欄に冊数をご記入のうえ、お近くの書店・大学生協でご注文ください (001〜017の注文票は、裏面にあります)。

	帳合印	ご担当者名
		冊
		冊
		冊

株式会社 早稲田大学出版部
http://www.waseda-up.co.jp/
TEL. 03-3203-1551

FAX（書店・生協様用）
03-3207-0406

ティーも弱く，中央政府に対する政治的な影響力もほとんどない。アイルランド，カナダ，オーストラリア，アメリカおよびニュージーランドとともに，「アングロ・グループ（Anglo Group）」と称される。

さらにイギリスの行政的伝統は，「分離システム」に特徴づけられるが，ドイツとフランスは「融合システム」に属する。フランスの中央集権的な執行体制の中で，国家の行政組織は，知事を中心として，国家的事務に加えて県および多くの地方自治事務を遂行してきた。ドイツのシステムは，これに対して，「地方自治行政統合モデル」に属し，地方自治体は自治事務のほか，委譲された国家事務も遂行する。

およそ，国家における行政システムは，中央レベルから地方レベルまで一貫する行政組織が存在せず，それぞれのレベルに行政組織が設けられ，それが多機能を発揮する「多機能（多目的）・地域組織モデル（multifunktionales Gebietsorganisationsmodell）」（水平的地域モデル）と機能ごとに中央レベルから地方レベルまで一貫する行政組織が設けられる「単一機能（単一目的）・事務組織モデル（monofunktionales Aufgabenorganisationsmodell）」（垂直的機能モデル）あるいはその混合モデルの3種類に分類できる[2]。そしてクールマンは，表1-1にあるとおり，フランスを「単一目的・事務組織モデル」に，イギリスおよびドイツを「多目的・地域組織モデル」に分類している[3]（伝統的側面）。

日本とドイツの間の市町村規模の違いの原因を究明するためには，両国のこのような制度的な出発点の違いを経路依存性として抑えておくことが必要である。日本の地方自治制度はこれらのうちのどれに属するものであろうか。筆者が表1-1に書き加えたように，従来の日本の地方自治制度は，そもそもドイツの制度を参考にして導入されたという歴史もあり，ドイツに類似した制度であった。しかし，1999年の地方分権改革（機関委任事務の廃止等）と「平成の大合併」後は，むしろイギリスのモデル（「分離システム」と「過大サ

---

[2] Bogumil（2010）p.77.
[3] Kuhlmann（2010）pp.102-106.

イズ」)に近づいていく方向にあるようにも見えるが、なお帰趨が定かでない状況である。

2　日本における地方自治制度

団体自治と住民自治

　日本の新憲法は、戦後、民主主義の出発にあたり、明治憲法にはなかった地方自治に関する規定を新たに置いた(第8章第92条から第95条まで)。第92条は、地方自治の保障規定であるが、同条に定める「地方自治の本旨」は、通説によれば、団体自治と住民自治の2つの要素からなるものとされている。[4] 団体自治は「地方自治が国から独立した団体に委ねられ、団体自らの意思と責任の下でなされるという自由主義的・地方分権的」原則であり、住民自治は「住民自身の意思と責任において当該団体の運営が行われるという民主主義的」原則であるが[5]、この2つの原則により自治体はできるだけ中央政府の関与を排し、その政治と行政を市民によって選ばれた自らの組織によって決定し、遂行できなければならないということになる。

　第1期分権改革は、以上のうち、主に団体自治の強化、なかんずく国の関与の廃止・縮減に改革の主眼を置くものであった[6]。国と地方の関係を従来の上下・主従の関係から、対等・協力の関係にすることを目指したいわゆる地方分権一括法は、2000年4月1日施行され、これにより、機関委任事務が廃止された。従来、この制度のもとでは、憲法の保障した団体自治の原則にもかかわらず、都道府県知事、市町村長、その他の地方自治体の組織(たとえば、教育委員会)は、後述するドイツにおける機関委任事務(Organleihe)制度のように、国あるいは都道府県の「手足」としてその包括的な指揮監督の下にあったのである。

---

[4]　衆議院憲法調査会事務局(2004) p.2。
[5]　同上。
[6]　地方分権推進委員会「最終報告」(2011年6月14日)。

地方自治の新理論

　日本においては，上記の団体自治の法的根拠に関し，これまで，3つの理論，すなわち，固有権説，伝来説および制度的保障説があるとされてきた[7]。

　固有権説は，地方自治体は，基本的人権のように地方自治の権利を有していると主張する。しかしながらこの説は，近代的な統一国家においてはもはや妥当ではないとされる。伝来説によれば，地方自治の権利は，国家の主権に由来するものであり，日本国憲法第92条の規定は，単に地方自治を認めたにすぎず，これを保障するものではないとする。制度的保障説は，日本国憲法第92条の規定を尊重して，地方自治は一つの制度として保障されている（ドイツでもこの説が通説である）と主張し，地方自治の本質的内容を国家の法律によって侵害することは禁止されていると考える[8]。しかし，この理論に対しても，何が本質的内容であり，したがって，どのような基準によって地方自治を中央政府の侵害から守るのか不明確であるという批判がある[9]。

　そこで，地方自治の根拠を国民主権概念に求める新固有権説が登場した。すなわち，日本国憲法の解釈により，中央政府も，自治体の政府も，国民の神聖なる信託によるものであると考えるのである。

　日本国憲法の国民主権原理をルソー以来の「人民主権（プープル主権）」原理と解し，これに「地方自治」の根拠を求める杉原は，「日本国憲法の国民主権原理はルソー以来の『人民主権』原理と解することができ，この『人民主権』原理が『充実した地方自治』の体制を求める趣旨であると解釈できる」[10]とされる。

　「人民（peuple）」とは，政治に参加できる年齢に達した成人住民の集合体を指し，国籍保持者の総体として観念された抽象的で観念的な「国民（nation）」とは異なるものである。そして，「人民主権（プープル主権）」原理

7　衆議院憲法調査会事務局（2004）pp.2-3。
8　同上。
9　杉原（2002）p.152および宇賀（2004）pp.2-5参照。
10　杉原（2002）p.148。

の下では，各住民・住民が自ら主権（統治権）を行使して政治に参加する直接民主制が原則とされる。[11]

今日，このような主権の行使（自治立法権，自治行政権，自治財政権等）が「地域政府」としての自治体に委ねられる場合，国民から国（中央政府）に信託された主権の行使の権能の一部が地方自治体に再委任されているわけではなく，国と並列的に，憲法に基づいて，直接，地方自治体に与えられたものであるとする考え方が有力になっている。[12] つまり，国民は中央政府としての国に主権の行使の全てを信託したのではなく，国家レベルのことは国に，地方レベルのことは自治体にそれぞれ信託しているとする考え方である[13]（二重信託論）。

すでに，政府の国会答弁においても，このような考え方に立った日本国憲法の解釈が示されている。1996年12月6日，衆議院予算委員会において，菅直人委員の「主権者である国民が自治体の議会を選んで，そこで条例を制定するというのは一つの国民主権から導かれた機能ですので，そこでもう一つの条例制定権があり，そして，自治体はそれに基づく一つの行政権もあると思いますが，これについてどういう見解をお持ちか，お聞かせいただきたい」との質問に対し，大森内閣法制局長官（当時）は，「地方公共団体に属する地方行政執行権を除いた意味における行政の主体は，最高行政機関としては内閣である」と答え，「行政」のすべてが内閣に属するのではなく，「地方公共団体に属する地方行政執行権を除いた意味における行政」が内閣に属するとの解釈を示した。[14]

11　小滝（2005）pp.127-128。
12　幸田ほか（2004）p.2。
13　松下（1975）pp.168-169および同（1996）p.21，36，171。
14　同委員会議事録（1996年12月6日）。

3 ドイツにおける地方自治制度

　ドイツにおいては，地方自治とは地域の共同社会に関係するすべての事項を，法律の範囲内で，自らの判断により自らの手段（人，金）をもって，民主的に選挙された議会の参加の下に規律する市町村の権利であるとされている（全権限性の原則（Allzuständigkeit））。この政治的意思決定および行政の原則は，ドイツ基本法によって，制度的に保障されている（ドイツ基本法（Grundgesetz。以下，「GG」と略す）第28条第2項）。この原則は，一方において，市町村の区域を越えた事項は市町村の管轄ではないということを意味すると同時に，他方において，連邦または州が市町村に全く自治の権利を認めないこと，あるいはその独立的な事務の核心的部分を侵すことにより地方自治を空洞化することを禁じているものと解されている[15]。この原則は，また，各州の憲法および市町村法（Gemeindeordnung）の中でも，保障されているところである。

　ただし，後述のように，ドイツにおいては，通常，自治体は各州の行政の一部に過ぎず，各州の強力な監督の下におかれている。しかも，市町村議会は，行政を担う機関であって，「議会（Parliament）」ではないとされている[16]。市町村議会あるいは郡議会が「議会」であるかどうかは，もちろん議会の定義次第であるが，後述のように，地域政府の中央政府に対する関係からいって，このように自治体を州の行政の一部とするような考え方は今日においてはもはや適当ではない。なぜならば，自治体は「地域政府」として，補完性の原理のもとに，その地域の課題をできるだけ中央政府から独立して解決できるよう，単なる行政権能のみならず一定の立法権能をも有すべきものとされるに至っていると考えられるからである。

　ドイツにおいても，近年，このような新しい憲法解釈が唱えられるように

---

[15] Vogelgesang (2005) p.36.
[16] Reiser (2006) p.22.

なっている。それによれば，上のGG第28条第2項の規定に基づく，自治体レベルの代表機関と各州レベルの代表機関あるいは連邦レベルの代表機関とは同様のものであると考えられるようになっている[17]。なぜなら，自治体における代表機関は，それより上位のレベルと同様の選挙手続きによって選出され，原則的に同様の任務を遂行する。それらは，国民主権を代表するものであり，みずからの良心のみに従い，国民の名のもとに決定を下すものであると解されるからである[18]。

第2節 「地域主権」

1 「地域主権」における「地域」概念と「主権」概念

2010年3月，民主党は，そのマニフェストに基づき「地域主権」国家の実現のための，いわゆる地域主権関係3法を国会に提案した。このうちいわゆる「第1次一括法」の正式名は，当初，「地域主権改革の推進を図るための関係法律の整備に関する法律案」であったが，自由民主党が憲法上の論点から「地域主権」の文字の削除を要求し，民主党もこれに応じて，「地域主権」を同法から完全に削除してしまった[19]。

しかし，民主党政権の「一丁目一番地」であったはずの政策を象徴する「地域主権」の文字の削除に，このようにいとも簡単に応じたことは，いかに民主党のマニフェストが底の浅いものであったかということを示すものであり，「地域主権改革」に対する同党の決意と覚悟のほどを疑わせる結果となっている。

そこで，本節では，まず，「地域」とは何を指し，「主権」とは何を意味す

---

17 同上，pp.23-24.
18 同上，pp.38-39.
19 朝日新聞，2011（平成23）年4月28日記事。

るのか，あらためて「地域主権」の概念を明確にすることとする。

2　「地域主権」における「地域」概念

　まず，「地域主権」にいう「地域」とは何か。「地域」については，さしあたり，①EU主要国の州に相当する「リージョンの地域」，②それより狭い，我が国の都道府県をイメージするような「広域的な地域」，③さらにそれよりも狭く，したがって住民により近い，我が国の市町村をイメージするような「基礎的な地域」，④最も住民に近い「近隣の地域」の4つの地域と，それぞれこれらの地域に対応した4つの地方政府の階層が考えられる。「地域主権」にいう「地域」とは，これらのうちどれを指すのか，現行の都道府県と市町村のみを指し，他の「地域」は含まれていないのか，あるいは，これら4つの地域のうちどの地域に重点を置くのか，といった点を明確にする必要がある。

　政府の2010年6月の「地域主権戦略大綱」においては，国と地方の役割分担に係る「補完性の原則」の考え方に基づき，基礎自治体を中心として，地域のことは地域に住む住民自らが責任を持って決めるという姿を実現していくとし，その際，広域自治体の在り方については，地域の自主的判断を尊重しつつ，自治体間連携等が自発的に形成されていくことが重要であるとした。

　また，産業振興や環境規制，交通基盤整備等の都道府県の区域を越える広域行政課題については，都道府県の区域を越える広域の圏域での連携も重要であるとし，これにより，圏域の諸課題に主体的かつ自立的に対応できるようになり，内外との競争と連携を一層強めることも期待されるとした。

　さらに，国としては，市町村や都道府県相互の自発的な連携や広域連合等の具体的な取組を前提として，地域主権改革を推進する中で，こうした連携等の形成に対する支援の在り方を検討していくとともに，さらには，地方や関係各界との幅広い意見交換も行いつつ，地域の自主的判断を尊重しながら，いわゆる「道州制」についての検討も射程に入れていくとしている（同戦略

37

大綱「第9　自治体間連携・道州制」)。

　このように，政府の「地域主権戦略大綱」では，もっぱら基礎自治体と広域自治体，せいぜい道州の「地域」しか考慮の対象になっていないようである。しかし，「補完性の原理」，あるいは，政府自身も重要視している「新しい公共」や「住民協働」の考え方からいっても，上記④の「近隣の地域」における住民自治組織や近隣政府の確立と充実強化こそ最優先されるべき喫緊の課題である（後述）。

3　「地域主権」における「主権」概念

　次に，「地域主権」の「主権」であるが，「主権」には，2つの意味がある。1つは，「その国家自身の意思によるほか，他の意思に支配されない国家統治の権力。国家構成の要素で，最高・独立・絶対の権力。統治権」をいい，他は，「国家の政治のあり方を最終的に決める権利」をいう（広辞苑　第5版，1998年）。

　前者の意味における主権（統治権）は，かつては「国」の独占物（「国家主権」）かつ不可分・不可譲とされ，したがって，地方自治も国の統治権に由来するとする伝来説が有力であった[20]。

　小滝によれば，そもそも，このような「主権」の概念は，西欧における近代国家の形成過程の中で，地方権力を征服，統合していった絶対主義体制が自らを正当化する理論的装置として編み出したものであり，これが地方自治は主権によって授権されたものであるとする伝来説の歴史的背景となったものである[21]。1791年フランス憲法も，これを踏襲した上で，（後者の意味における「主権」に関して）「国民主権」を基本原理として採用した。「国民主権」の原理の下では，抽象的で観念的な「国民」のみが単一・不可分の主権を持つとみなされ，個々の国民は主権を分有せず，「地方団体」にも固有の「自

20　小滝（2005）pp.121-122。
21　同上，pp.127-128。

治立法権」「自治行政権」等は認められないということになる[22]。

これに対して、歴史的発展の過程が異なったイギリスにおいては、地方団体は伝統的に「地方政府」としての独自の統治権を認められてきた。アメリカにおいても、中世封建制の歴史がなかったため、フランス憲法の「国民主権」とは異なる「人民主権」の原理に基づいた分権的な連邦国家制度が採用された。「人民主権」原理の下では、各市民・住民が主権を分有すると考えられ、この結果、アメリカは世界で最も進んだ「地方自治」「住民自治」が営まれる国になったといわれている[23]。

前述したように、地方自治の根拠を巡っては、伝統的な「国民主権」の原理に基づき、自治権は国家の統治権に由来するとする「伝来説」と、自然権的な理解に基づき、自治体固有の権利であるとする「固有権説」との対立があり、前者を前提としつつ、より地方自治を尊重する立場に立つ「制度的保障説」が通説とされてきた。しかし最近では、前述のとおり、地方自治の根拠を以上のような「人民主権」原理に求め、自治体の自治権（自主立法権、自主行政権等）も、国（中央政府）と並列的に、主権者である住民により直接地方団体に与えられたものであるとする「新固有権説」が強力に主張されるようになってきている[24]。

民主党政権の進めようとした「地域主権改革」も、「地域」が以上のような意味での「主権」（統治権）を担うという考え方を前提として、自治行政権、自治立法権、自治財政権を有する「地域政府」の確立のため、さらに、抜本的な権限と財源の地方移譲等を推進していくことを意味するものと解釈できる。このように考えれば、「地域主権」は、れっきとした法的概念として構築することができ、法律用語として使用してもなんらおかしくないものと考えられる。

日本においては、以上のように「地域主権国家への転換」を目指して、

22　同上。
23　同上、pp.128-129。
24　杉原（2002）p.148。なお、幸田ほか（2004）p.2。

第1章　日本とドイツの地方自治制度と「地域政府」

「パラダイム変換」（後述）ともいうべき改革が目指されているのであるが，ドイツにおいては，上述のように「自治体は各州の行政の一部」とする見解がなお有力であり，彼我の間に大きな相違が見られるところである。

第2章
日本とドイツにおける「地域政府」の構造

第1節 「地域政府」

1 「国家」と「政府」

　一般に,「国家（Staat）（State）」と「政府（Regierung）（Government）」とは区別される。「国家」は,国民の集団であり領土・領海・領空と主権を持つ組織であるのに対し,「政府」は,「国家」の統治機構である（従来よりわが国においては,「国と地方」という言い方が用いられているが,「国」という言葉は,その意味するところが曖昧で多くの内容とイメージを含み,しばしば,議論を混乱させる原因となっているとの理由で,端的に「政府」という言葉を使うべきであるとの筆者の主張については,別に論じた[1]）。

　「政府」の概念については,「行政府」のみを指す場合と,さらに広く「行政府,議会および裁判所」のすべてを含んで使われる場合がある[2]。わが国

---
[1] 片木（2005）。
[2] 内田満編『現代政治学小事典』（ブレーン出版,1999年）p.113。ただし,日本等においては,「地方政府」は,必ずしも,裁判所を有するものではない。

第2章　日本とドイツにおける「地域政府」の構造

やイギリスでは，「政府」は通常前者の「行政府」のみを意味することが多いが，本書では，後者の概念によることとし，「市民から選ばれた代表からなり，一定の立法権限等を持つ議会」を有することを「政府」の必須の要件と考えるものである[3]。その理由を簡単に述べれば，このような議会を通じて，「政府活動」に対する市民のニーズが表明され，把握され，そのニーズに対する具体の「政府活動」が決定されるとともに，「行政府」に対する監視が行われる（「議院内閣制」をとる場合には「行政府」の設立も議会により行われる）ことが民主主義の下での政府の重要不可欠な要素であるからである。

なお，「地域政府」間の行政協力のための機構，組織は，一般に，その議会等が直接住民を代表するものではないので，本書の「地域政府」には含めない。

2　「政府」としての自治体

以上のような意味で，すでに，わが国の地方自治体も中央政府と並ぶれっきとした「政府」である[4]。わが国においても，日本国憲法の下，かなり早くから，「地方自治体は『地方政府』である」とする見解が存在したが，政府関係機関としてはじめて，地方自治体を「地方政府」であるとしたのは[5]，1987（昭和62）年3月の旧自治省の地方行政活性化長期戦略研究委員会（座長：成田頼明・横浜国立大学教授）の報告書であった[6]。同報告書は，「地方公共団体は，執行機関の長（知事，市町村長）と，議決機関としての議会がともに住民から直接選挙され，相互にチェック・アンド・バランスの体制をと

---

[3]　可能な場合には，議会の代わりに市民総会によることもありうる。なお，山崎正は，その組織そのものも「主権者である国民が選挙ないし住民投票を通じて変更可能」でなければならないとする（『地方政府の構想』（勁草書房，2006年）pp.1-2）。

[4]　「地方政府」概念の歴史的な起源と展開については，小滝（2005）「第2節 地方政府（ローカル・ガヴァメント）の意義と起源」参照。

[5]　上の定義からいえば，正確には，「中央『政府』の行政府の関係機関」。

[6]　同委員会『21世紀の地方自治』（ぎょうせい，1987年）。

って運営されている」ことから，「政治的緊張を常に伴って運営されている一つの『政府』である」とした。そして，その上で，同報告書は，国の関係者に対して地方公共団体を一つの「地方政府」として認識，信頼すること，地方公共団体の長，議会の議員，職員等をはじめ地方自治の関係者に対して「地方政府」の構成員等としての自信と自覚を持って，責任ある行財政の実施に努めていくことを求めたのである。

2007年4月，第2期分権改革をめざして発足した地方分権改革推進委員会も，同年5月にまとめた「基本的な考え方」[7]の中で，「地方分権改革においては，『自己決定・自己責任』，『受益と負担の明確化』により『地方を主役に』の確立を目指すべきである。『地方が主役』とは，地方が総体として国から自立するとともに，各地域が相互に連帯しつつ個々に自立する姿である。条例制定権を拡大して，首長・議会を本来あるべき政策決定機関に変え，自主経営を貫き，地方が主役となる」とし，その上で，「地方が主役の国づくりを実現するには，自治行政権，自治財政権，自治立法権を十分に具備した地方政府を確立する必要がある」（傍点，片木）としている。この認識は，同年11月の同委員会の「中間的な取りまとめ」でも確認されるとともに，そのような「地方政府」の確立への取組は，「将来の道州制への道筋をつけるものでもある」とされている。

さらに，政府の「地域主権戦略大綱」（2010年6月）では，地域主権改革をさらに進めるため，地方公共団体の基本構造，議会制度等についての地方自治法の抜本見直しを内容とする「地方政府基本法」の制定が目指されるようになっている。

このように，今日，わが国では，地方自治体を地方政府（前節で述べた「地域」概念を前提として，以下，本書では「地域政府」という）とする考え方が定着を見ているといえるものである。

---

7 地方分権改革推進委員会「地方分権改革推進にあたっての基本的な考え方──地方が主役の国づくり」2007年5月30日。

第2章 日本とドイツにおける「地域政府」の構造

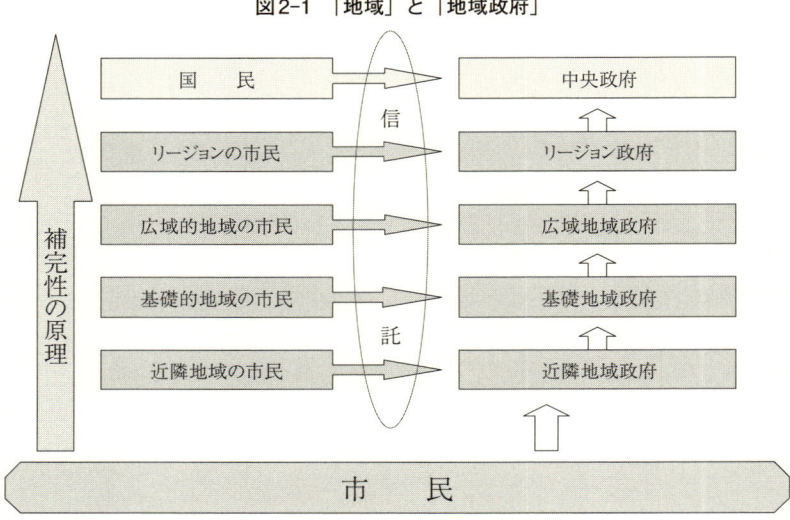

図2-1 「地域」と「地域政府」

```
補完性の原理 ↑

国　民　　　　　→　　　中央政府
　　　　　　　信　　　　　↑
リージョンの市民　→　　　リージョン政府
　　　　　　　　　　　　　↑
広域的地域の市民　→　　　広域地域政府
　　　　　　　　　　　　　↑
基礎的地域の市民　→　　　基礎地域政府
　　　　　　　託　　　　　↑
近隣地域の市民　→　　　近隣地域政府
　　　　　　　　　　　　　↑
　　　　　　市　民
```

　以上，述べてきた「地域」と「地域政府」との関係を図示すれば，図2-1のとおりである。あらためていえば，本研究において，日本の市町村とドイツの市町村（Gemeinde）を比較するのは，両者がともにこのような「地域政府」であるべきであるとの考えを前提としている。

第2節　日本とドイツの「地域政府」の構造

1　欧米主要国と日本の「地域政府」の構造

　表2-1は，日本と欧米主要国における「近隣政府」以外の「地域政府」の構造を示している。2層制の日本は例外をなしており，これらの国々においては通常，3層制となっている。さらに市町村の下部構造として，近隣政府や地区といわれるものを有する国もある。例えば，イギリスの「パリッシュ

44

第2節 日本とドイツの「地域政府」の構造

表2-1 各国における地域政府の階層構造と数

区分 国名	地域政府の 階層構造	地域政府の数 a		
		リージョン政府	広域政府	基礎政府
日本	2層制	(9, 11, 13)	47	1,742
ドイツ	1～3層制	16	412	11,442
イギリス	1～2層制	(12) 4	199	406
フランス	3層制	22	96	36,568
イタリア	3層制	20	110	8,092
スペイン	ほぼ3層制	17	50	8,109
アメリカ	ほぼ3層制	50	3,033	36,011

区分 国名	人口 (千人) b	各国の人口規模による補正 $a \times (128.1 \div b)$		
		リージョン政府	広域政府	基礎政府
日本	128,057	(9, 11, 13)	47	1,742
ドイツ	81,752	25	645	17,923
イギリス	61,899	(25) 8	412	840
フランス	62,637	45	196	74,761
イタリア	60,098	43	234	17,242
スペイン	45,317	48	141	22,914
アメリカ	317,641	20	1223	14,518

(注)
日本 ・基礎政府には、東京都の23区を含む。
ドイツ ・州（ラント）→郡（クライス）→市町村（ゲマインデ）の3層制が基本。
・都市州のベルリンとハンブルクは1層制、ブレーメンは2層制。
・特別市のある地域では2層制。
・表では、都市州は、「リージョン政府」「広域政府」および「基礎政府」の機能を併せ持つことから、3者に重複してカウント。特別市は、同様の理由から後2者に重複してカウント。
イギリス ・スコットランド、ウェールズ、北アイルランドは2層制。
・イングランドでは、カウンティとディストリクト等の2層制の地域、大都市ディストリクト又は46のユニタリーからなる1層制の地域に分かれる。イングランドにおいても、9リージョンの導入のための法律が制定されたが、住民投票が必要なため成立していない（「12」は、スコットランド、ウェールズおよび北アイルランドに9つのリージョンを加えた数）。
・表では、大都市ディストリクト、ユニタリー等は、「広域政府」および「基

第2章　日本とドイツにおける「地域政府」の構造

礎政府」の機能を併せ持つことから，2者に重複してカウント（ロンドンのバラ等を除く）。
　フランス　　・州（レジオン）→県（デパルトマン）→市町村（コミューン）の3層制。
　イタリア　　・州（レジオーネ）→県（プロビンチャ）→市町村（コムーネ）の3層制。
　スペイン　　・基本的には，自治州（コムニダ・アウトーノマ）→県（プロビンシア）→市町村（ムニシピオ）からなる3層制。
　アメリカ　　・50州，カウンティ，タウンシップ等・ミュニシパリティのほぼ3層制。
（出典等）　市町村数については，日本は2011年12月31日現在（総務省HP「広域行政・市町村合併」「都道府県別市町村数の変遷（平成11年3月31日以降の全てを収録）」，＋特別区（23），ドイツは2010年12月31日現在（ドイツ連邦統計局「Statistisches Jahrbuch 2011」），イギリスは2010年現在（自治体国際化協会「英国の地方自治（概要版）」2010年改訂版），フランスは2011年現在（海外州・県を除く。フランス内務省HP「La direction générale des collectivités locales＞A VOTRE SERVICE＞Statistiques＞Les Collectivités locales en chiffres 2011」），イタリアは2011年12月31日現在（国立統計研究所（Istituto Nazionale di Statistica）HP「Archivio / Codici comuni, province e regioni」），スペインは2012年1月5日現在（ヨーロッパ都市及び地域評議会（The Council of European Municipalitiesand Regions）HP「The CEMR＞Members」），アメリカは2007年7月現在（U.S. Census Bureau「Federal, State, and Local Governments 2007 Census of Governments」「Publications」および「Census of Governments 2007」により作成）。
　人口については，日本は2010年10月1日現在（総務省HP「統計データ＞人口推計＞人口推計（平成23年12月報）」），ドイツは2010年12月31日現在（ドイツ連邦統計局HP「STATISTISCHES JAHRBUCH 2011. Für die Bundesrepublik Deutschland mit »Internationalen Übersichten«」），その他は「国連世界人口推計2008年版の概要」2010年推計値（中位推計）により，筆者作成。

　（parish）」が有名であるが，ここではとりあえず除外して比較した。
　ドイツでは，州（ラント Land）→郡（クライス Landkreis またはKreis）→市町村（ゲマインデ Gemeinde）[8]の3層制が基本となっている。都市州のベルリンとハンブルクは1層制，ブレーメンは2層制である。郡の権限を併せ持つ特別市の地域も2層制となる。表2-1では，都市州は「リージョン政府」「広域政府」および「基礎政府」の機能を併せ持つことから，3者に重複してカウントした。特別市は同様の理由から，後2者に重複してカウントしている。
　イギリスには周知のとおり，1990年代後半のデヴォリューションの結果，

8　市（Stadt）を含む。

46

「リージョン政府」が創設されることとなったスコットランド，ウェールズおよび北アイルランドの3つの地域（カントリー Country）がある。ブレア労働党の選挙マニフェストに基づき，実施された1997年9月のスコットランド議会およびウェールズ議会，1998年5月の北アイルランド議会創設のための住民投票における賛成多数を経て，1999年7月，スコットランド議会およびウェールズ議会が発足した。最近まで凍結されていた北アイルランド議会も再開され，2007年5月8日に自治政府が復活している。これらの3つの地域はいずれも2層制であり，「基礎政府」として，スコットランドでは32，ウェールズでは22，北アイルランドでは26のユニタリー（Unitary）等がある。

　イングランドにおいても，2004年，9つの地域において住民投票を経て「リージョン政府」を設立するための法律が制定されたが，「ノース・イースト」地域における住民投票が反対多数の結果に終わり，動きが途絶えた（このため，表2-1では，イングランド以外の「リージョン政府」の3を含めて「（12）」とした）。この結果，イングランドにおいては，34のカウンティ（County）とその下の239のディストリクト（District）からなる2層制の地域（ロンドンを含む。GLAとシティ及び32のバラ）と，36の大都市ディストリクトまたは46のユニタリーからなる1層制の地域のみで構成され，リージョン政府は存在しない。

　イギリスの1層制の地域における政府についても，表2-1の「広域政府」と「基礎政府」の両方にカウントした。

　フランスは，州（レジオン région）→県（デパルトマン départment）→市町村（コミューン commune）の3層制である。地方制度を抜本的に改革した「1982年地方分権法」により，州が地方自治体と認められ，幅広い分野で州に事務権限が移譲された。さらに，2003年の憲法改正により，州は「地方自治体」と明記されるとともに，さらに事務権限・財源の移譲が進められている。一方で，フランス革命以来の伝統を有し，政治的に強い立場を有するといわれる「県」が廃止されなかったため，3層制になったのである。

イタリアも，州（レジォーネ regione）→県（プロビンチャ provincia）→市町村（コムーネ comune）の3層制である。1997年の「バッサニーニ法」により，国家機能の州への分権化が行われた。次いで2001年の憲法改正により準連邦国家になったといわれ，さらに2005年10月，11月には，上院の地方代表院化，憲法裁判所への州代表判事の導入，州に学校教育，保健医療，地方警察の分野での排他的権限を与えるなどを内容とする憲法改正案が両院を通過したが，2006年6月，国民投票により否決されている。

スペインも，基本的には，自治州（コムニダ・アウトーノマ comnidad autonoma）→県（プロビンシア provincia）→市町村（ムニシピオ municipio）からなる3層制である。ただし，1州1県の7つの自治州では，県議会が置かれていない。また，アフリカにあるセウタとメリリャは県であると同時に市町村でもある。

フランコ没後のスペイン新憲法（1978年）で各自治州の自治権獲得の手続きが定められ，1997年には自治州に対する税源移譲，2002年には州税の税率変更権限や新税の創設権限が認められるなど自治州の地位が向上した。さらに，2005年以降，バスク自治州，カタルーニア自治州の自治憲章改正案がスペイン議会で審議され，バスク州のそれは否決されたが，カタルニア州の改正案は可決され，2006年州民投票により成立した[9]。同州自治憲章の改正は，税制や法務，移民，航空政策等の分野における自治権拡大やカタルーニア語の使用拡大などを盛り込んだものである[10]。

アメリカは，50州，その下に州政府の出先機関としての性格と自治体としての性格を併有するカウンティ（county），カウンティの下に準地方自治体であるタウンシップ（township）等と憲章により設立される地方自治体ミュニシパリティ（municipality）があり，ほぼ3層制となっている。

なお，このほか，「近隣政府」として，イギリスには，イングランド及び

---

9 以上，自治体国際化協会（2002）。
10 2006年6月18日，AP通信（スペイン・バルセロナ）「Voters in Spain's Catalonia region say yes to sweeping new powers」；同月19日，朝日新聞記事等。

ウェールズで1万以上のパリッシュ等がある。近年その数は増加傾向にあり、都市部でも増えてきているとのことである[11]。ドイツには、都市内分権の「近隣政府的組織」として「自治体内下位区分 Kommunale Untergliederungが存在する[12]。また、フランスでも、2002年「身近な民主主義に関する法律」(loi relative à la démocratie de proximité) により、人口80,000人以上のコミューンに地区評議会 (conseil de quartier) を設置することが義務づけられた (20,000人から79,999人のコミューンについては設置は任意)[13]。この地区評議会は、メール (市町村長) からの諮問を受け、地区に関わる事業の計画、実行および評価に関し、意見を述べる程度の権限しか有していないが、「近隣政府」類似のものとして、「地域政府の重層化」の傾向を示すものということもできよう。アメリカの特定の行政目的のために設置される特別区 (special district) も学校区を含め、「近隣政府」の一種である。

表2-1の上の欄は、各国の「地域政府」の数を単純にそのまま比較したものであった。しかし、現実には、各国は人口、面積等が様々に異なっているのであるから、正確には、それらを考慮して比較する必要がある。そこで、同表の下欄に、各国の「地域政府」の数を、各国の人口規模によって補正したものを掲げた。

この表の補正後の数値で見ると、フランスやスペイン等南欧諸国のリージョンの数が日本の都道府県の数 (47) と似たものであることが分かる。わが国の都道府県は、「広域政府」としては各国に比較して際立って数が少なく (人口規模が大きく)、「広域政府」というよりは、むしろ、各国の「リージョン政府」に相当している。人口規模のみからの結論ではあるが、わが国の都道府県をすべて広域化して道州を創設する必要はないとの主張に一つの根拠を与えるものである[14]。

---

11 自治体国際化協会 (2006)。
12 自治体国際化協会 (2004)。
13 自治体国際化協会 (2003)。
14 片木 (2008) p.65。

「基礎政府」の数も，日本が際立って少ない。イギリスも少ないが，前述のとおり，「近隣政府」として，市民自治の伝統を継承する1万を超えるパリッシュがある。このパリッシュがイギリスの「基礎政府」を補完していると見れば，日本のみが人口規模の非常に大きな「基礎自治体」だけの「地域政府」構造を有しているということになる。

フランスの「基礎政府」であるコミューンの数は特に多いが，これはフランス革命・ナポレオン以来の伝統によるものであり，事務組合，コミューン共同体等広域的行政体制の仕組みがこれを補っている[15]。

いずれにしても，各国においては，日本に比較して多くの「基礎政府」，あるいは，「基礎政府」の数が少ない場合には，これを補う「近隣政府」等が存在している。

このように，各国の「基礎政府」との比較で見る限り，日本の市町村はむしろ「広域政府」の役割を担いつつあり（「広域政府」としては，各国に比較してなお規模が小さく数が多いであろうが），「地域政府の再編」の今後の課題は，「補完性の原理」や住民自治の理念からいっても，むしろ，「基礎政府」としての規模を超えつつある市町村の下に合併新法等により導入された合併特例区，地域自治区等の制度を全国的に展開させて，住民により近い新たな「基礎政府」や「近隣政府」の構築につなげていくことである[16]。

2　日本における「地域政府」の構造

日本の地方政府の構造は，2層制である（図2-2）。すなわち，この110年間その地域がほとんど変わっていない47の都道府県と，平成の大合併の後，1,742になった市町村（特別区を含む）とが存在している（表2-2）。うち，市（特別区を含む）は809，町は749，村は184である（同表）。

都道府県は，ドイツにおける郡と同様，市町村に対する補完事務および市

15　自治体国際化協会（2005）。
16　片木（2008）pp.65-66。

第2節　日本とドイツの「地域政府」の構造

図2-2　日本の地域政府

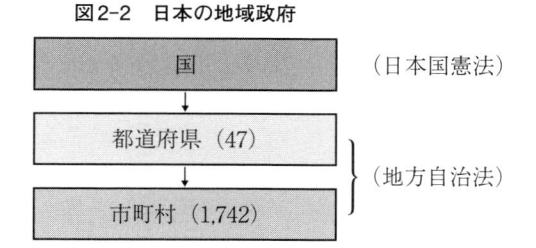

国　　（日本国憲法）
↓
都道府県（47）　┐
　　　　　　　　├（地方自治法）
市町村（1,742）　┘

表2-2　日本の地域政府（市町村）数

都道府県	市	町	村	計	都道府県	市	町	村	計
北 海 道	35	129	15	179	滋 賀 県	13	6	0	19
青 森 県	10	22	8	40	京 都 府	15	10	1	26
岩 手 県	13	15	5	33	大 阪 府	33	9	1	43
宮 城 県	13	21	1	35	兵 庫 県	29	12	0	41
秋 田 県	13	9	3	25	奈 良 県	12	15	12	39
山 形 県	13	19	3	35	和歌山県	9	20	1	30
福 島 県	13	31	15	59	鳥 取 県	4	14	1	19
茨 城 県	32	10	2	44	島 根 県	8	10	1	19
栃 木 県	14	12	0	26	岡 山 県	15	10	2	27
群 馬 県	12	15	8	35	広 島 県	14	9	0	23
埼 玉 県	39	23	1	63	山 口 県	13	6	0	19
千 葉 県	36	17	1	54	徳 島 県	8	15	1	24
東 京 都	49	5	8	62	香 川 県	8	9	0	17
神奈川県	19	13	1	33	愛 媛 県	11	9	0	20
新 潟 県	20	6	4	30	高 知 県	11	17	6	34
富 山 県	10	4	1	15	福 岡 県	28	30	2	60
石 川 県	11	8	0	19	佐 賀 県	10	10	0	20
福 井 県	9	8	0	17	長 崎 県	13	8	0	21
山 梨 県	13	8	6	27	熊 本 県	14	23	8	45
長 野 県	19	23	35	77	大 分 県	14	3	1	18
岐 阜 県	21	19	2	42	宮 崎 県	9	14	3	26
静 岡 県	23	12	0	35	鹿児島県	19	20	4	43
愛 知 県	37	15	2	54	沖 縄 県	11	11	19	41
三 重 県	14	15	0	29	合　　計	809	749	184	1,742

（注）　市には特別区（23）を含む。
（出典）　総務省HP「広域行政・市町村合併」「都道府県別市町村数の変遷（平成11年3月31日以降の全てを収録）」（2012.1.5.閲覧）に特別区（23）を加えて作成。

町村の区域を越える広域事務等を担当しているが，ドイツの郡のような国の下級官庁としての法律上の役割は有していない。

日本においては，市町村も上述のとおり国や都道府県と同様に政府としての権能を有するものと考えられるようになっており[17]，地方自治法は最も小さい自治体である青ヶ島村（住民数174人。2010年1月1日現在）にも，最も大きな横浜市（同約370万人。同日現在）にもほぼ同様に適用されている。

日本の市町村は基礎自治体として，主に地域的な事務を担当している。日本においても，1890（明治23）年，当時のドイツをモデルとして，郡制度が導入された（「郡制」）が，1923年（大正12）には地方団体としての郡は廃止されている。廃止の理由は，郡が自治体としての大きな役割をもはや果たさなくなっていたこと，郡の住民としての自治意識が低かったこと，ならびに郡を廃止することにより市町村の強化が期待できたことであった[18]。

このように，日本における「地域政府」構造のドイツに対する顕著な特色は，その単純さと数の少なさである。

3 ドイツにおける「地域政府」の構造

ドイツにおいても同様に，「地域政府」として，16の州，301の郡，108の一般の特別市および11,331の郡所属市町村がある（表2-3）。現状においてドイツの自治体は，「州の行政の一部」と位置付けられているのであるが，前述のように，「地域政府」と見るべきものである。

日本と比べ，ドイツにおける「地域政府」の構造はより複雑である。すなわち，都市州のような1層制（ただし，ブレーメン州はブレーメン市とブレーマーハーフェン市からなる2層制），特別市（非郡所属都市Nichtkreisangehörige Stadt）における2層制，郡に所属する地域（郡所属市町村Kreisangehörige Stadt）における3層制からなっている（図2-3）。

17　Kisa（2008）p.108参照。
18　井川（2010）p.14。

第2節　日本とドイツの「地域政府」の構造

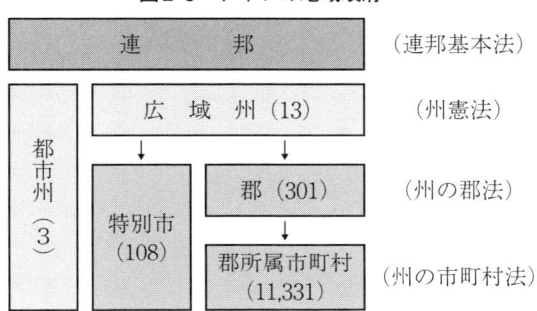

図2-3　ドイツの地域政府

```
┌─────────────────────────┐
│      連　　邦           │（連邦基本法）
└─────────────────────────┘
┌──┬──────────────────────┐
│都│   広　域　州（13）   │（州憲法）
│市│       ↓       ↓     │
│州│              郡（301）│（州の郡法）
│（│  特別市              │
│3 │ （108）              │
│）│         郡所属市町村 │
│  │         （11,331）   │（州の市町村法）
└──┴──────────────────────┘
```

表2-3　ドイツの地域政府（地方自治体）数

州　　　　名	（行政区）	特別市	郡	郡等計	市町村
バーデン・ヴュルテムベルク	4	9	35	44	1,102
バイエルン	7	25	71	96	2,056
ベルリン	－	1	－	1	1
ブランデンブルク	－	4	14	18	419
ブレーメン	－	2	－	2	2
ハンブルク	－	1	－	1	1
ヘッセン	3	5	21	26	426
メクレンブルク・フォアポンメルン	－	6	12	18	814
ニーダーザクセン	－	8	38	46	1,024
ノルドライン・ヴェストファーレン	5	22	31	53	396
ラインラント・プファルツ	－	12	24	36	2,306
ザールラント	－	－	6	6	52
ザクセン	3	3	10	13	485
ザクセン・アンハルト	－	3	11	14	300
シュレスヴィヒ・ホルシュタイン	－	4	11	15	1,116
チューリンゲン	－	6	17	23	942
合　　計	22	111	301	412	11,442

（注）　2010年12月31日現在。「市町村」には、「特別市」（都市州を含む）が含まれる。特別市111（都市州3＋一般の特別市108）＋郡所属市町村11,331＝11,442。
（出典）　連邦統計庁「Das Statistische Jahrbuch 2011 - Downloads」「2 Bevölkerung」「2.3 Verwaltungsgliederung Deutschlands am 31.12.2010」。

さらに、このほかに、住民から直接選出された地域協議会を有する多くの「地区」（BezirkまたはOrt。後述）がある。すなわち、ドイツにおいては、3層ないし4層制の「地域政府」の構造が基本的なものとなっているのである。

第3節　日本とドイツにおける市町村の規模

ここでは、日本の都道府県とドイツの各州の市町村の平均人口と平均面積を比較することにより市町村の規模の状況を確認する。日本の都道府県あるいはドイツの各州によって、状況にかなりのばらつきがある。

日本の各都道府県における1市町村当たりの平均人口は、高知県が最小で22,484人であり、最大は、神奈川県で、274,192人である。つまり、平均して、神奈川県内の市町村の規模は、高知県内の市町村より12.2倍大きいということになる。日本全体の平均は、73,512人である（図2-4）。また、日本の各都道府県における1市町村当たりの平均面積は、東京都が最小で33.92km²、最大は、北海道で、466.24km²である。つまり、平均して、北海道の市町村の面積は、東京都内の市町村のそれより13.7倍大きいということになる。日本全体の平均は、216.96km²である（図2-5）。

ドイツにおいては3都市州を除く13州のうち、ラインラント・プファルツ州内の市町村の平均人口が1,736人で最小であり、最大はノルドライン・ヴェストファーレン州の45,063人で、ラインラント・プファルツ州の25.9倍となっている。ドイツの平均は7,145人である（図2-6）。また、平均面積でも、ラインラント・プファルツ州内の市町村の平均面積で8.61km²で最小であり、最大は、ノルドライン・ヴェストファーレン州の86.08km²で、ラインラント・プファルツ州の10倍となっている。ドイツ全体の平均は31.21km²である（図2-7）。

図2-8にヨーロッパ各国における市町村数の平均を示した。イギリスが市町村の規模が大きく、その数が少ないのが目立っている。すなわち、「北欧

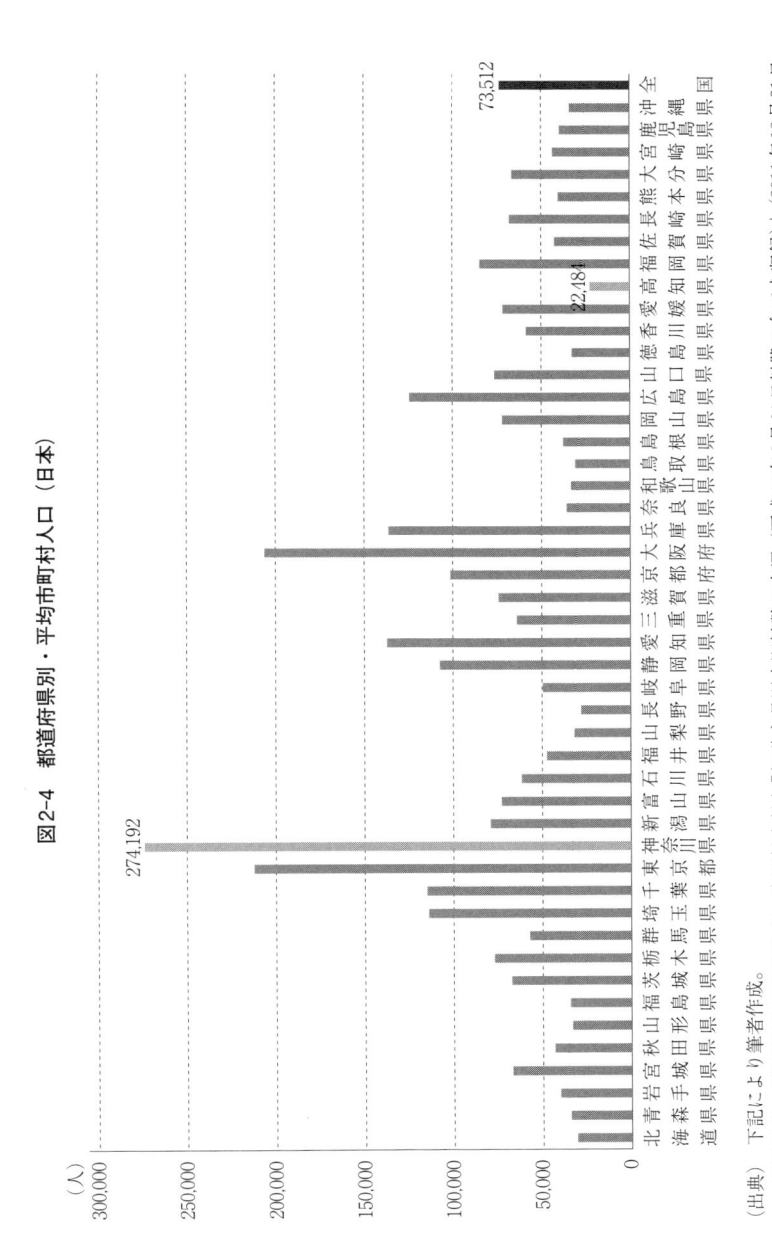

第3節　日本とドイツにおける市町村の規模

図2-4　都道府県別・平均市町村人口（日本）

（出典）下記により筆者作成。
・市町村数：総務省HP「広域行政・市町村合併」「都道府県別市町村数の変遷（平成11年3月31日以降の全てを収録）」（2011年12月31日現在）に特別区（23）を加算。
・人口：総務省HP「統計局の統計」「平成22年国勢調査による基準人口」「参考表2　都道府県，男女別基準人口－総人口，日本人人口，外国人人口（平成22年10月1日現在）」。

第2章　日本とドイツにおける「地域政府」の構造

図2-5　都道府県別・平均市町村面積（日本）

(出典)下記により筆者作成。
・市町村数：総務省HP「広域行政・市町村合併」「都道府県別市町村数の変遷（平成11年3月31日以降の全てを収録）」(2011年12月31日現在)に特別区(23)を加算。
・面積：国土地理院HP「平成22年全国都道府県市区町村別面積調」(2009年12月31日現在)。

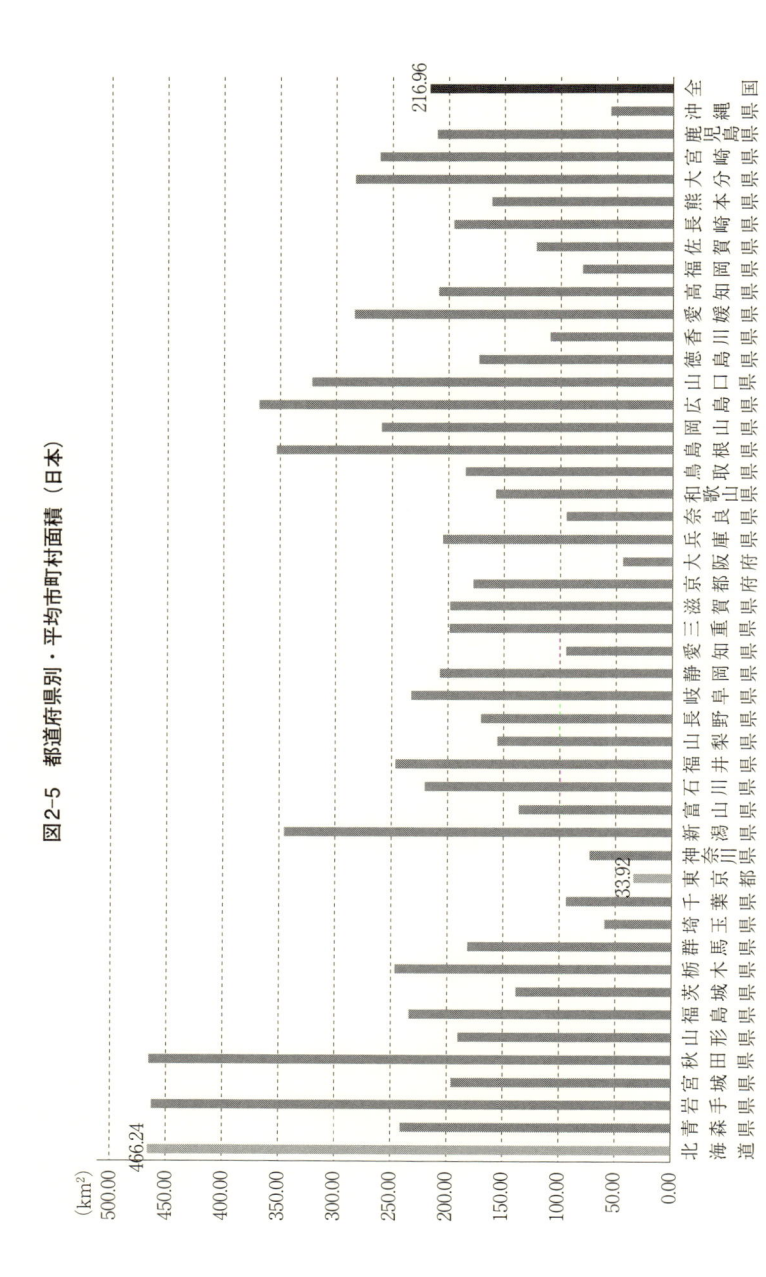

56

第3節　日本とドイツにおける市町村の規模

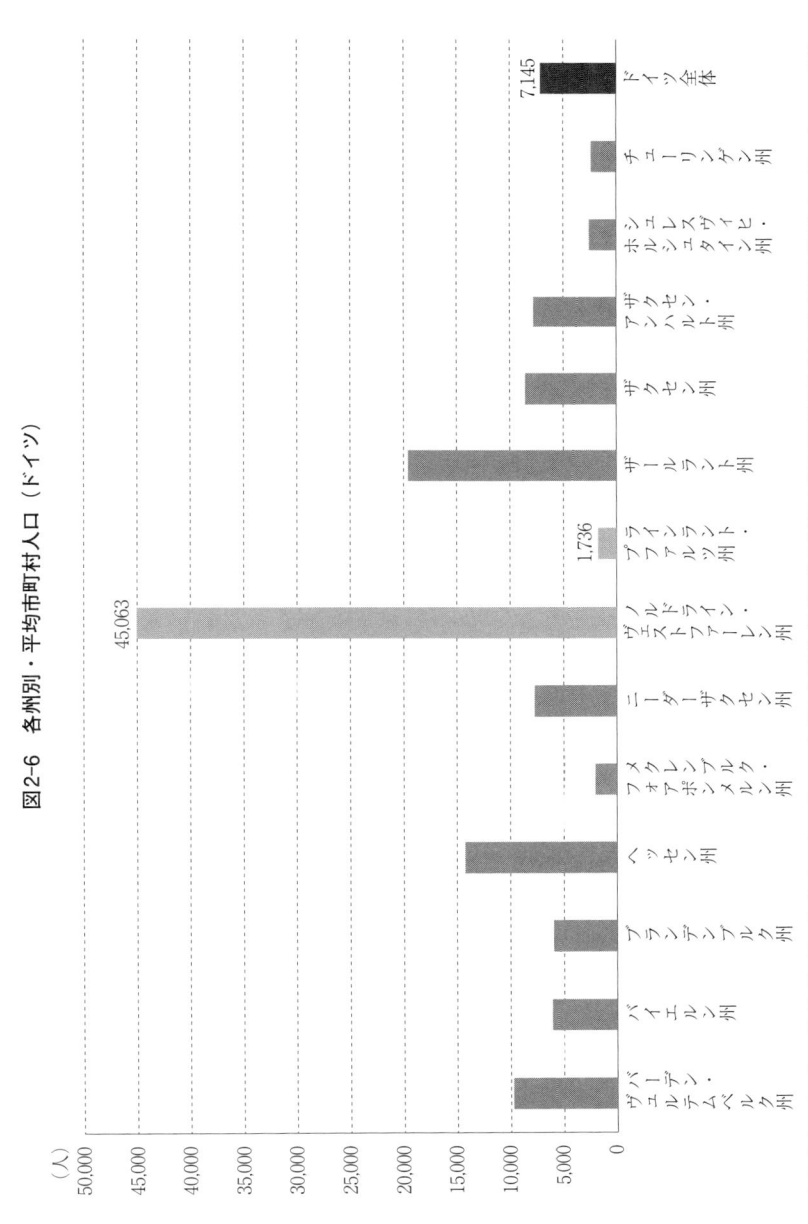

図2-6　各州別・平均市町村人口（ドイツ）

州	平均市町村人口（人）
ザクセン・アンハルト州	
バイエルン州	
ブランデンブルク州	
ヘッセン州	
メクレンブルク・フォアポンメルン州	
ニーダーザクセン州	
ノルトライン・ヴェストファーレン州	45,063
ラインラント・プファルツ州	1,736
ザールラント州	
ザクセン州	
ザクセン・アンハルト州	
シュレスヴィヒ・ホルシュタイン州	
チューリンゲン州	
ドイツ全体	7,145

（出典）ドイツ統計局（Statistisches Bundesamt）HP「統計年報2010年STATISTISCHES JAHRBUCH 2010 der Bundesrepublik Deutschland mit internationalen Übersichten」により筆者作成。人口は2010年12月31日。市町村数は2010年12月31日現在。

第2章 日本とドイツにおける「地域政府」の構造

図2-7 各州別・平均市町村面積（ドイツ）

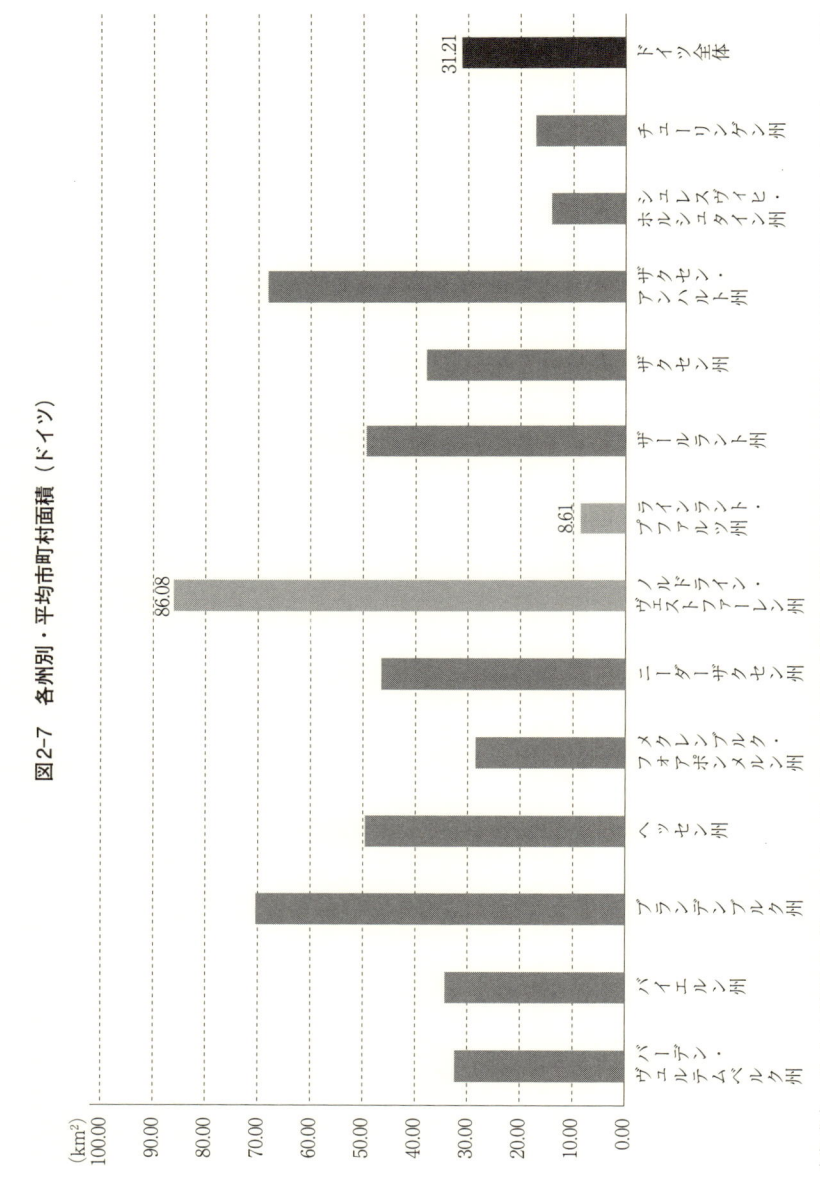

州	面積(km²)
バーデン・ヴュルテンベルク州	
バイエルン州	
ブランデンブルク州	
ヘッセン州	
メクレンブルク・フォアポメルン州	
ニーダーザクセン州	
ノルトライン・ヴェストファーレン州	86.08
ラインラント・プファルツ州	8.61
ザールラント州	
ザクセン州	
ザクセン・アンハルト州	
シュレスヴィヒ・ホルシュタイン州	
チューリンゲン州	
ドイツ全体	31.21

（出典）ドイツ統計局 (Statistisches Bundesamt) HP「統計年報2010年 STATISTISCHES JAHRBUCH 2010 der Bundesrepublik Deutschland mit internationalen Übersichten」により筆者作成。面積は2009年12月31日、市町村数は2010年12月31日現在。

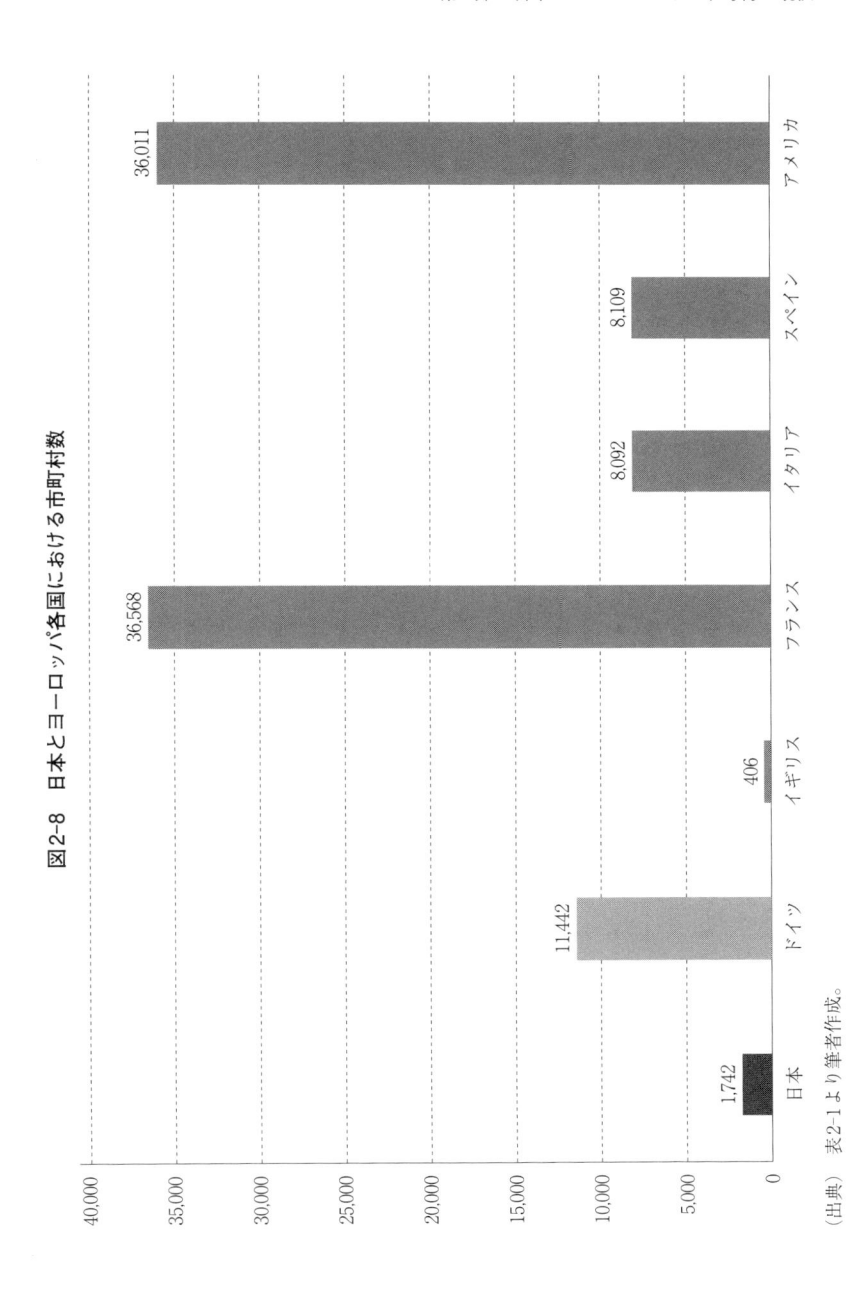

第3節　日本とドイツにおける市町村の規模

図2-8　日本とヨーロッパ各国における市町村数

国	市町村数
日本	1,742
ドイツ	11,442
イギリス	406
フランス	36,568
イタリア	8,092
スペイン	8,109
アメリカ	36,011

（出典）表2-1より筆者作成。

モデル」に属するものである。その他の国々は，日本をのぞき，「南欧モデル」に属し，多くの小さな市町村からなっている。詳細は，後述する。

第3章
日本とドイツの地域改革

第1節　地域改革と市町村合併

　本書においては，日独における市町村の「地域改革（Gebietsreform）」を研究対象とするが，日本において「地域改革」といえば，主として，地方自治法第7条の規定による「市町村合併（Gemeindefusion）」を指す。同条の規定により，市町村の廃置分合（廃止，設置，分割および合併）は，関係都道府県知事によって決定され，総務省へ届け出られ，告示されることによって，最終的に効力を生じる。以下，参考までに同法第7条の条文を挙げる。

> 第7条　<u>市町村の廃置分合又は市町村の境界変更は，関係市町村の申請に基き，都道府県知事が当該都道府県の議会の議決を経てこれを定め，直ちにその旨を総務大臣に届け出なければならない。</u>
> 2　前項の規定により<u>市の廃置分合をしようとするときは，都道府県知事は，あらかじめ総務大臣に協議し，その同意を得なければならない。</u>
> 3　<u>都道府県の境界にわたる市町村の設置を伴う市町村の廃置分合又は市町村の境界の変更は，関係のある普通地方公共団体の申請に基づき，総務大臣がこれを定める。</u>

4　前項の規定により都道府県の境界にわたる市町村の設置の処分を行う場合においては，<u>当該市町村の属すべき都道府県について，関係のある普通地方公共団体の申請に基づき，総務大臣が当該処分と併せてこれを定める</u>。

5　第一項および第三項の場合において財産処分を必要とするときは，関係市町村が協議してこれを定める。

6　<u>第一項および前三項の申請又は協議については，関係のある普通地方公共団体の議会の議決を経なければならない</u>。

7　第一項の規定による届出を受理したとき，又は第三項若しくは第四項の規定による処分をしたときは，<u>総務大臣は，直ちにその旨を告示するとともに，これを国の関係行政機関の長に通知しなければならない</u>。

8　第一項，第三項又は第四項の規定による処分は，<u>前項の規定による告示によりその効力を生ずる</u>。（以上，下線は筆者）

　これに対して，ドイツにおいては，「地域改革」は，後述のように市町村の合併のほかに郡の合併を含むものであるが，さらに，それら以外の組織，例えば，アムト（Amt），連合市町村（Verbandgemeinde），目的組合（Zweckverband）等の創設・再編をも意味している。特に，旧東ドイツ諸州における 1990年代の自治体の「地域改革」においては，当初，市町村の合併は見送られ，旧西ドイツのバーデン・ヴュルテムベルク州のような行政共同体（Verwaltungsgemeinschaft）やシュレスヴィヒ・ホルシュタイン州のようなアムトの創設が目指された。

　本書においては，主として，市町村の合併を取り扱い，ドイツにおけるその他の「地域改革」については，日独の相違を究明する上で必要な場合においてのみ触れる。

1　Haus（2006）p.285.
2　Haus（2006）p.285. なお，第8章第4節参照。

第2節　地域改革の「北欧モデル」と「南欧モデル」

　ドイツにおいては，学者・専門家によって，自治体の構造改革（地域改革）の類型として「北欧モデル」と「南欧モデル」の2つが区別されている[3]。「北欧モデル」は，イギリス，スウェーデン，デンマーク，ドイツにおいてはノルドライン・ヴェストファーレン州あるいはヘッセン州においてみられる類型である。この類型の「地域改革」においては，自治体の「規模の拡大」が追及される。その場合，市町村の合併は，州法により強制的に行われる。

　「南欧モデル」は，フィンランド，アイルランド，その他中欧，東欧および南欧において広く見られる類型であるが，ドイツにおいてはラインラント・プファルツ州あるいはシュレスヴィヒ・ホルシュタイン州の地域改革がこれに該当する。従来からの市町村はできるだけそのまま維持され，これを補完するものとして自治体間の協力体制が構築される。自治体の連合市町村（Verbandgemeinde），行政共同体（Verwaltungsgemeinschaft），アムト（Amt）などである。また，自治体合併は，当該自治体の同意を得た場合にのみ行われる[4]。

　最近における日本の「地域改革」（平成の大合併）は，市町村の合併を推進するものであったことから，「北欧モデル」に近いと思われるが，同時にまた，市町村の同意を得て推進された（「自主的合併」）ことから南欧型の改革モデルとも共通点がある。

3　Norton（1994）p.38.
4　同上および，Kuhlmann（2010）pp.67-68.

第3節　日本における市町村合併

　明治維新によって日本が近代国家へ変貌を遂げて以来，今日までに，3回の大きな合併を経験した（表3-1および図3-1）。
　そのうち，最初の「明治の大合併」は，本格的な地方自治制度（「市制・町村制」）を導入するための体制整備として推進されたものである。大日本帝国憲法（明治憲法）は1889年，プロイセン憲法（1850年）を模範として制定されたが，「市制町村制」はこの直前の1888年に施行された。「市制町村制」の制定にあたっては，日本国政府によって招へいされたドイツのモースが大きな役割を果たしている。

表3-1　日本における市町村数の変遷

年	市	町	村	合計	備　考
1888		(71,314)		71,314	
1889	39	(15,820)		15,859	市制町村制施行
1922	91	1,242	10,982	12,315	
1945	205	1,797	8,518	10,520	第2次世界大戦終了
1947	233	1,784	8,511	10,528	地方自治法施行
1953	309	1,966	7,616	9,891	市町村合併促進法施行
1956	518	1,870	2,303	4,691	新市町村建設促進法施行
1961	579	1,935	981	3,495	新市町村建設促進法一部廃止
1999	694	1,990	568	3,252	地方分権推進法施行
2002	698	1,981	562	3,241	地方自治法改正
2006(4月)	802	844	197	1,843	
2011(12月)	809	749	184	1,742	

（注）　1947年以降の「市」および「合計」には，特別区（23）を含む。
（出典）　総務省HP「市町村の合併資料」「市町村数の変遷と合併の特徴」により筆者作成（2011年12月31日現在）。

第3節　日本における市町村合併

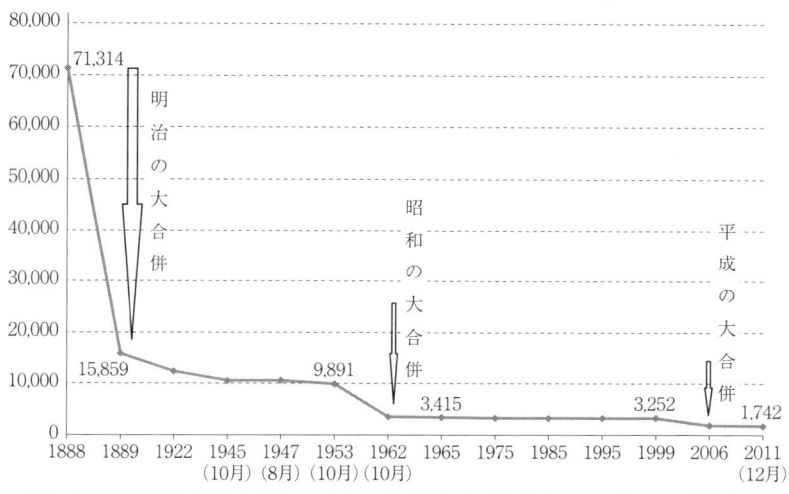

図3-1　日本の市町村数の推移（1888〜2011年）

```
80,000
        71,314
70,000  ●
              明
60,000        治
              の
50,000        大
              合
40,000        併                        昭                                              平
                                        和                                              成
30,000                                  の                                              の
                                        大                                              大
20,000       15,859                     合                                              合
                                        併                                              併
10,000       ●━━━━●━━━━●━━9,891                                                       1,742
                              ●━━●   3,415                        3,252                ●
   0                                  ●━━●━━●━━●━━●━━●
     1888  1889  1922  1945  1947  1953  1962  1965  1975  1985  1995  1999  2006  2011
          (10月)(8月)(10月)(10月)                                                  (12月)
```

（注）　1947年以降は特別区（23）を含む。1965年から2008年までは，すべて4月現在。
（出典）　総務省HP「広域行政・市町村合併」「市町村の合併資料」「市町村数の変遷と合併の特徴」に加算して筆者作成。

「明治の大合併」は，江戸時代から引き継がれた自然集落を，近代的地方自治制度である「市制町村制」の施行に伴い，教育，徴税，土木，救済，戸籍等の事務処理が可能な自治体として再編成するため，町村合併標準提示（明治21年6月13日　内務大臣訓令第352号）に基づき，約300〜500戸を標準規模として全国的に行われたものである。この結果，1888（明治21）年に71,314あった市町村が，翌1889（明治22）年には15,859と，約5分の1に減少した[6]。

2回目の「昭和の大合併」は，戦後に創設された新自治制度を円滑に機能

---

[5]　総務省HP「広域行政・市町村合併」「市町村合併資料集」「・市町村数の変遷と合併の特徴」（2012.1.7.閲覧）。
[6]　総務省HP「広域行政・市町村合併」「市町村合併資料集」「『平成の合併』について」（平成22年3月5日報道資料）p.1。

させることを目指して行われた。すなわち，新制中学校の設置管理，市町村消防や自治体警察の創設の事務，社会福祉，保健衛生関係の新しい事務が市町村の事務とされ，行政事務の能率的処理のためには規模の合理化が必要とされたことから，1953（昭和28）年の町村合併促進法（第3条「町村はおおむね，8000人以上の住民を有するのを標準」）およびこれに続く1956（昭和31）年の新市町村建設促進法により，「町村数を約3分の1に減少することを目途」とする町村合併促進基本計画（昭和28年10月30日 閣議決定）に基づき推進されたものである。その結果，1953年に9,891あった市町村（特別区を含む）が，1961（昭和36）年には3,495と約3分の1となった。[8]

「平成の大合併」は，3回目の大きな合併の動きであり，人口減少・少子

表3-2　平成の大合併をめぐる経緯

年　月　日	市町村合併の動き
1995年 4月 1日	合併特例法再延長（2005年3月31日まで）
1999年 7月 8日	地方分権一括法による合併特例法の改正成立
同年 7月12日	自治省「市町村合併推進本部」設置
同年 7月16日	一括法に伴う改正合併特例法施行
同年 8月 6日	自治省「市町村合併の推進についての指針」（2000年中の要綱策定要請）
2000年12月 1日	（行政改革大綱「市町村数を千を目標とする」与党方針を踏まえ，合併を積極推進）
2001年 6月21日	骨太方針「すみやかな市町村の再編」
2002年11月 1日	第27次地方制度調査会専門小委員会　西尾副会長私案「今後の基礎的自治体のあり方について」
2005年 4月 1日	市町村合併特例法等施行
2009年 6月16日	第29次地方制度調査会「今後の基礎自治体および監査・議会制度のあり方に関する答申」
2010年 3月31日	新市町村合併特例法公布（4月1日，施行）

7　注5に同じ。なお，「約8000人」という数字は，新制中学校1校を効率的に設置管理していくために必要と考えられた人口である（同HP資料）。

8　注6に同じ。

第3節　日本における市町村合併

高齢化等の社会経済情勢の変化や地方分権の担い手となる基礎自治体にふさわしい行財政基盤の確立を目的として，1999（平成11）年以来，全国的に推進されたものである（表3-2）。その結果，1999年3月末に3,255（1999年4月では3,252）あった市町村は，2011（平成23）年末には1,742にまで減少した（図3-2。なお，詳しくは巻末参考資料1）。この間の減少率は，46.5%である。

図3-2　日本における市町村数の推移（1998～2011年）

年	市町村数
1998	3,255
1999	3,252
1999	3,252
2000	3,249
2001	3,241
2002	3,213
2004	3,123
2005	2,418
2006	1,843
2007	1,827
2008	1,811
2009	1,800
2010	1,750
2011	1,742

（注）　特別区（23）を含む。1998年（10月1日）および2011年（12月31日）以外は，すべて4月1日現在。
（出典）　総務省HP「広域行政・市町村合併」「市町村数の推移グラフ（年度末，年度当初版）」等により筆者作成。

第3章　日本とドイツの地域改革

図3-3　平成の大合併・都道府県別・市町村合併の状況（1999～2011年）

（注）「東京都」には特別区（23）を含む。
（出典）総務省HP「広域行政・市町村合併」「市町村数の推移グラフ（年度末、年度当初版）」等により筆者作成。

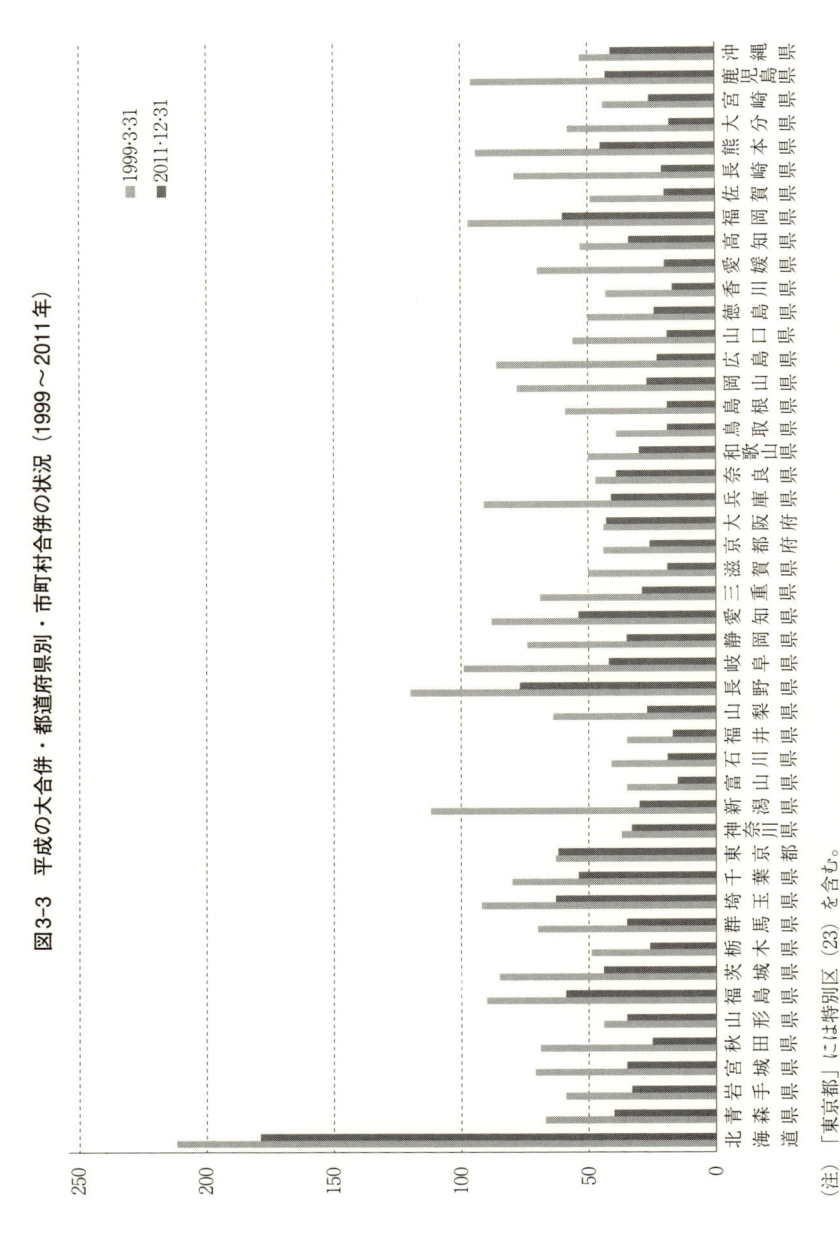

第3節　日本における市町村合併

図3-4　平成の大合併・都道府県別・市町村数の減少率（1999～2011年）

(注)「東京都」には特別区 (23) を含む。
(出典) 総務省HP「広域行政・市町村合併」「市町村数の推移グラフ（年度末、年度当初版）」等により筆者作成。

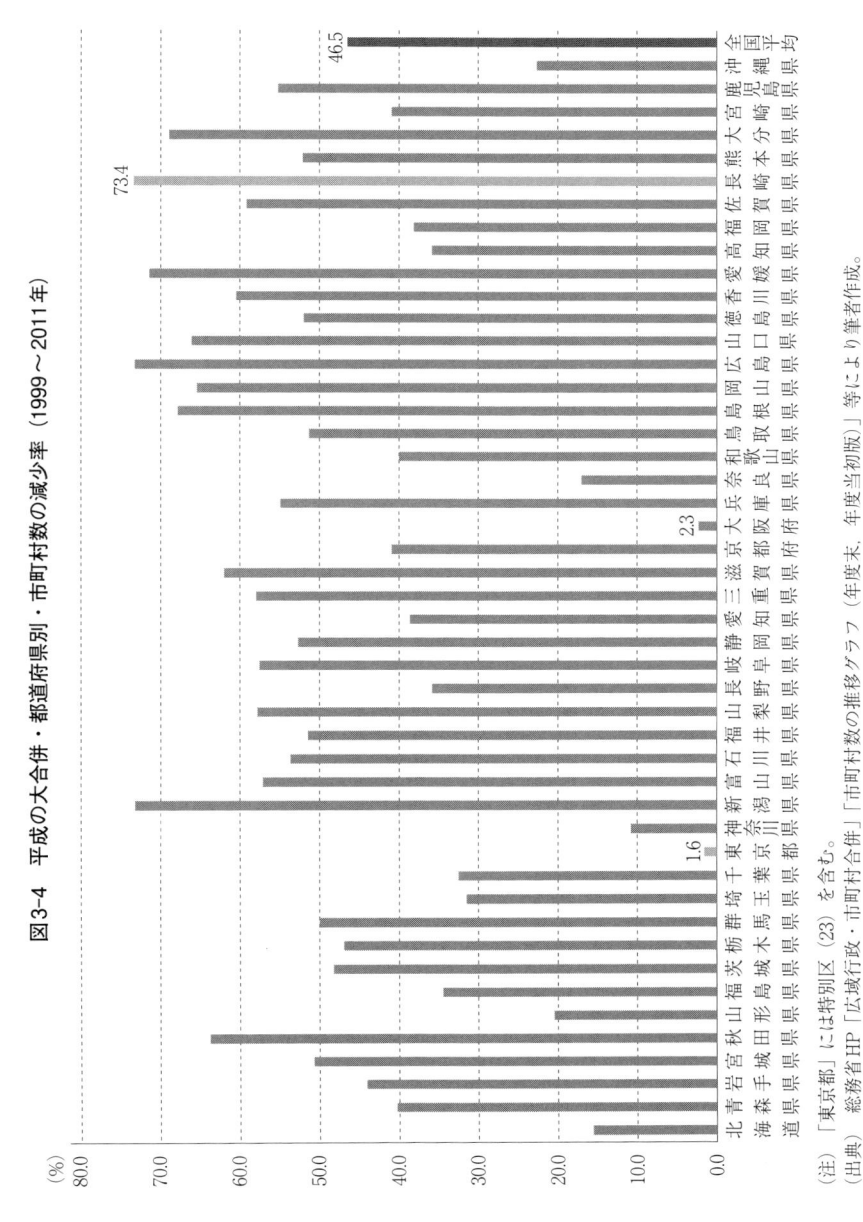

第3章　日本とドイツの地域改革

第4節　ドイツにおける市町村合併

　ドイツにおいても，1960年後半から1970年代初めにかけて，市町村および郡の地域改革が推進された。その目的は，本質的には，市町村の行政・事務処理能力を強化することにあった[9]。ヴェルナーによれば，当時，特に次の3つの目標があったとされる[10]。すなわち，①市町村の能力を向上させること，②地方にも都市にも同等の機会を実現すること，および③市町村の区域を州計画に適応させることであった。③の「州計画への適応」としては，「すべての市町村が計画のプロセスにおいて事務的にも法的にも専門家集団として信頼のおけるパートナーとなる」ことが強調された[11]。いくつかの州，特にノルドライン・ヴェストファーレン州においては，自治体合併は，単一自治体の創設を目指して推進された。しかし，他の多くの州においては，単一自治体の代わりに自治体間の連携組織（連合市町村（Verbandsgemeinden），行政共同体（Verwaltungsgemeinschaften）等）が創設された[12]。

　東西ドイツ統一後は，旧東ドイツ諸州において「地域改革」が推進されたが，ザクセン州を除き，単一自治体の創設を目指す市町村の合併は行われず，市町村の間で行政共同体，アムトその他が，旧西ドイツ諸州のいくつかの州をモデルにして設立された[13]。この「地域改革」に続いて，「機能改革」が推進され，自治体の行政組織が改革されるとともに自治体レベルにできるだけ多くの事務を移譲することとされた[14]。以上の結果，ドイツにおける地域構造は，州によって面積の面でも人口の面でも異なる状況となった。「北欧モ

9　Wollmann（2008）p.215.
10　Werner（2002）pp.35-36.
11　Haus（2006）p.283.
12　同上。
13　同上，pp.215-216，285。
14　石川（1995）p.11。

第4節　ドイツにおける市町村合併

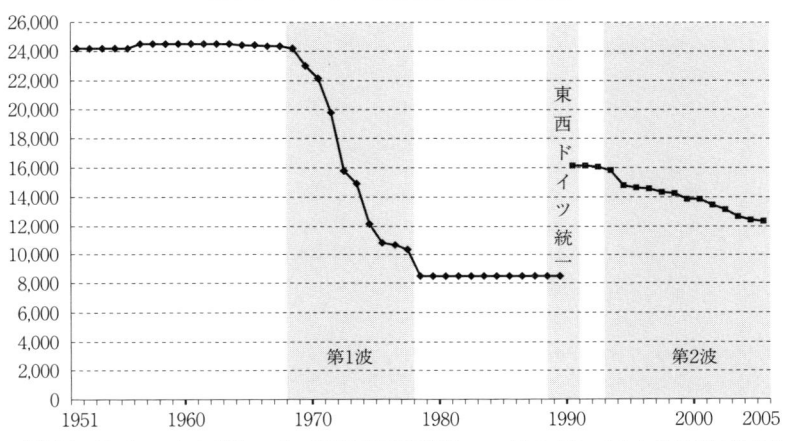

図3-5　ドイツにおける市町村数の推移

（出典）　BüchnerおよびFranzke「行政改革の評価――ブランデンブルク州における自治体合併の経験　Evaluation von Verwaltungsreformen. Erfahrungen der kommunalen Fusionen in Brandenburg」(Frühjahrsworkshop 2008, Potsdam, 9. Juni 2008, ポツダム大学・地方自治学研究所（KWI））。

デル」のスウェーデンにおいて特徴的な大きな自治体が見られる州もあれば，「南欧モデル」のフランス，イタリアおよびスペインに見られるように，引き続き小さな市町村を維持している州もあり，後者の場合には，上述のような市町村間の連携体（アムト，行政共同体等）を設立し，これに市町村の事務の実施が委ねられている[15]。

　21世紀に入ってからも，州および自治体レベルにおいて解決すべき課題が増加したため，自治体の「地域改革」と「機能改革」が再度大きな政治行政上のアジェンダとなっている[16]。

　ただし，今回は，旧東ドイツ地域の多くの州においても，単一市町村の創設が目指されており，これに対応して自治体間の連携体が廃止される傾向にある[17]（例えば，ブランデンブルク州[18]）。

15　Wollmann（2010）p.249.
16　Tessmann（2010）p.146.

表3-3　ドイツ各州における市町村数の推移（1991～2010年）

州　　名	1991.1.1	2010.12.31	減少率（％）
バーデン・ヴュルテムベルク	1,111	1,102	0.8
バイエルン	2,051	2,056	-0.2
ベルリン	1	1	0.0
ブランデンブルク	1,794	419	76.6
ブレーメン	2	2	0.0
ハンブルク	1	1	0.0
ヘッセン	426	426	0.0
メクレンブルク・フォアポンメルン	1,124	814	27.6
ニーダーザクセン	1,031	1,024	0.7
ノルドライン・ヴェストファーレン	396	396	0.0
ラインラント・プファルツ	2,304	2,306	-0.1
ザールラント	52	52	0.0
ザクセン	1,626	485	70.2
ザクセン・アンハルト	1,367	300	78.1
シュレスヴィヒ・ホルシュタイン	1,131	1,116	1.3
チューリンゲン	1,710	942	44.9
合　　計	16,127	11,442	29.1

（出典）「Das Statistische Jahrbuch 1991」（1991年1月1日現在）および「Das Statistische Jahrbuch 2011」（2010年12月31日現在）。「市町村数」には都市州および特別市が含まれる。太字は旧東ドイツ諸州。

第4節　ドイツにおける市町村合併

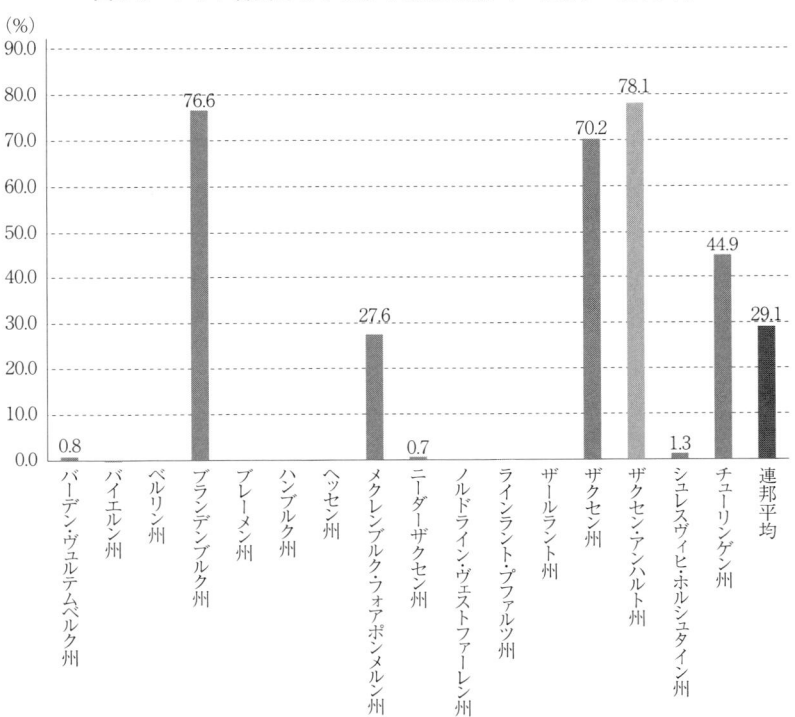

図3-6　ドイツ各州における市町村数の減少率（1991〜2010年）

州	減少率(%)
バーデン・ヴュルテンベルク州	0.8
バイエルン州	—
ベルリン州	—
ブランデンブルク州	76.6
ブレーメン州	—
ハンブルク州	—
ヘッセン州	—
メクレンブルク・フォアポンメルン州	27.6
ニーダーザクセン州	0.7
ノルドライン・ヴェストファーレン州	—
ラインラント・プファルツ州	—
ザールラント州	—
ザクセン州	70.2
ザクセン・アンハルト州	78.1
シュレスヴィヒ・ホルシュタイン州	1.3
チューリンゲン州	44.9
連邦平均	29.1

（出典）「Das Statistische Jahrbuch 1991」（1991年1月1日現在）および「Das Statistische Jahrbuch 2011」（2010年12月31日現在）。「市町村数」には都市州および特別市が含まれる。

73

また，旧西ドイツ諸州の近年の動きとしては，バーデン・ヴュルテムベルク州において2005年1月1日から合計350の州の特別官庁が廃止され，それらの行っていた事務は，主として州の下級官庁としての郡および非郡所属市に移譲された（「非真正自治体化」または「地方分散」[19]）。

東ドイツにおいても，西ドイツにおいても，構造的に弱いとされる地域においては，州行政の構造の簡素化と自治体への包括的な事務移譲が結びつけられ[20]，州行政は，将来的に，理想としては立法活動と監督に専念すべきものとされるとともに，その他の事務については，できるだけ，自立した自治体によって執行されるべきものとされているのである[21]。「自治体合併によって，資源が束ねられ，不必要な支出が抑制されることとなる。重点は，自治体の自治の政治的制御の強化と有効性の向上である[22]」。

17　Wollmann（2010）p.249.
18　Wollmann（2008）p.216.
19　同上。
20　同上。
21　同上。
22　同上。

第Ⅱ部 市町村合併の促進・抑制要因の日独比較

第4章
日本とドイツに違いをもたらした要因と評価

　以上のような日本とドイツにおける市町村合併の結果が，第2章第3節で示したような現在の両国における市町村規模の違いにつながったわけであるが，では，このような市町村合併の進捗の違いはどのような要因によってもたらされたのであろうか。そして，また，規模の大きい市町村を有する日本の地方自治の方がドイツの地方自治よりも先進的であるといえるのであろうか。それとも，市町村合併の進んでいないドイツの方が地方自治，民主主義，あるいは補完性の原則からいって，より望ましい地方自治制度だといえるのであろうか。次に，これらの点について検討する。

第1節　市町村合併の法的根拠と主要アクター

　前述のとおり，市町村の最適規模については，「これが絶対的なものである」として決めつけることはできない。それは，当該市町村がいかなる事務を果たすべきなのか，どのような地理的位置を占めているのか等によって異なってくる。このように絶対的な市町村の最適規模を確定することができないにもかかわらず，日本においてもドイツにおいても市町村合併が推進され

第4章　日本とドイツに違いをもたらした要因と評価

てきた。それは，市町村合併の企画立案と実施に携わった諸アクターが，最適かどうかはわからないにしても，それが必要だと判断し，実行に移したからに他ならない。

そこで，「それを決定する主要なアクターはだれか」がまず，問題となる。すなわち，だれがこの問題について権限があり，だれがその責任を負うのであろうか。

日本国憲法によれば，地方公共団体の組織および運営に関する事項は，地方自治の本旨に基づいて法律でこれを定めることとされている（第8章「地方自治」，第92条）。そして，前述したように，地方自治法第7条によれば，市町村の合併は，関係市町村の申請（当該市町村の議会の議決を経ることが必要である）に基づき，都道府県知事が当該都道府県の議会の議決を経てこれを定め，直ちにその旨を総務大臣に届け出，総務大臣は，直ちにその旨を告示するとともに，これを国の関係行政機関の長に通知しなければならない。市町村の合併は，この総務大臣の告示によりその効力を生ずる。したがって，通常の場合，市町村合併の決定権限は，法的には合併の申請を行う市町村長とそれを議決する市町村議会議員ならびに市町村合併の最終的な決定権者である都道府県知事および都道府県議会議員がこれを有しているということになる[2]。特に，自主合併においては，市町村長と市町村議会が決定的な役割を果たすものといえる。また，以上の地方自治法の規定に基づき，総務省（自治省）も平成の大合併において主導的な役割を果たした。

その他の政治的アクターとしては，自由民主党が当時の政権政党としてこの改革を推進した。2009年以来政権を担当することとなった民主党は，その選挙マニフェストにおいて「地域主権改革の実現」を公約していたが，市町村合併については消極的であった。

1　岩崎（2002）pp.276-280。
2　これに対して，都道府県の合併には2つの方法がある。①直接，法律の定めによる方法と，②都道府県の申請（関係都道府県議会の議決が必要）に基づき内閣が決定する（国会の承認が必要）方法である（地方自治法第6条および第6条の2）。

第1節　市町村合併の法的根拠と主要アクター

　地方6団体，特に全国市長会，全国市議会議長会，全国町村会および全国町村議会議長会の4団体は，利害関係団体として市町村合併のプロセスに一定の影響力を及ぼした。このうち，全国町村会は，合併に対して批判的であった[3]。行政の効率化を求める経済界は基本的には市町村合併に賛成であったが，労働組合側は，これに反対か，あるいは慎重な姿勢であった。マスコミも，基本的には賛成であった。というのも，日本におけるマスコミの論調は，政府と行政の簡素合理化には一般的に賛成であるからである。

　今日まで，日本における市町村合併はすべて自主的合併（任意合併）であった。すなわち，市町村の意思に基づいて合併が行われたのである。日本においてもしばしば，合併の是非をめぐって住民投票が行われたが，その結果は，合併特例法に定められた合併協議会の設立の場合を除き，強制力を持たないものであった[4]。

　ドイツにおいては，市町村に関する事項は，「州の事項」として規律され，自主的な合併も強制的な合併も，州法によって規定されている。

　ドイツにおいても，ドイツ基本法（憲法）によって地方自治が保障されている。しかし，それに含まれていると解されている「法的対象保障（Rechtssubjektsgarantie）」は，日本と同様，個々の市町村の存在までも保障するものではないとされている[5]。しかし，一般的に，強制的な自治体の地域改革は，内容的には公共の福祉を根拠として，手続的には関係地域団体の適切なヒアリングを経る場合にのみ許されることとされている[6]。

　自主的な合併については，例えば，ブランデンブルク州の自治法によれば，隣接する市町村は，双方の地域改革の変更の協定によって，内務大臣の承認の下，合併することができる（第6条第3項）。この地域改革の変更の協定は，

---

[3]　例えば，同会『いま町村は訴える』（2002年11月）参照。
[4]　米軍普天間基地代替の海上ヘリ基地建設の賛否をめぐり1997年12月に実施された名護市における市民投票の効力についての那覇地裁判決（2000年5月9日）参照。
[5]　苗村（1995）p.202，およびTessmann（2010）p.46。
[6]　同上。

市町村議会の定数の過半数の多数によって可決されなければならない（第6条第4項）。これについては，住民投票も可能である（第6条第5項）。ドイツにおいても，少なくとも任意の市町村合併の場合には，市町村長および市町村議会議員の決定権限が重要である。もっと重要なのは，しかしながら，市町村の強制合併を定めることができる州政府と州議会の政治的な意思である。

このように，日本の市町村合併の場合にも，ドイツの市町村合併の場合にも，以上のアクターが最も重要な役割を果たすということができる。

第2節　市町村合併を促進するベクトルおよび抑制するベクトル

前述のとおり，市町村合併という地方自治システムの構築・改廃は，これに携わる諸アクターの現状に対する認識と制度改革の意思によって，現実のものとなる（序章第1節）。そこで，本節では，その政治的意思の方向と強さをベクトル概念を用いて考えてみたい。

前述のように，多くのアクターが，地方分権により中央政府から市町村に公共事務がなるべく多く移譲されるべきであり，そのために受け皿として強化された市町村が必要であると考えれば，市町村合併を促進する方向のベクトルが働くであろう。つまり，地方分権化への圧力が強ければ強いほど，市町村合併が推進されるということになる。

同様に，多くのアクターが，市町村の区域が生活圏の拡大にともなって狭くなったと考えれば，これらは市町村合併にポジティブに作用し，そのベクトルの強さは，我々の生活圏の拡大の程度に比例するであろう。しかしながら一般的にいえば，ドイツにおいても日本においても同様に，人間の生活圏は交通通信技術の発達により拡大を遂げ，市町村の区域は，その結果小さ過ぎるように感じられるようになっている。このような背景から，前述のとおり，本書では，この点については日本とドイツの間にさほど大きな相違はないと仮定して，この要素は除外した。

第2節　市町村合併を促進するベクトルおよび抑制するベクトル

　人口の減少・高齢化の見通しが厳しいものであると認識され，これに対する危機意識が高まれば高まるほど，市町村合併へのポジティブな影響力は強くなり，そのベクトルの長さ（強さ）も長くなるであろう。人口の減少等により経済が低迷して税収入が減少するとともに，高齢化に伴う財政需要が増大することが懸念され，市町村の合併によってその人的・財政的資源を集中させる必要があると考えるようになるからである。

　危機的な財政状況も，規模のメリットによる歳出の削減あるいは捻出した財源による行政需要への対応を目指し，市町村合併の動きを促進するベクトルとして働く。また，行政改革は，いつの時代においても地方自治体にとって必要で，重要な事柄であるが，特に，困難な財政状況の下においてはこれを回避することは許されない。そして，市町村合併は，「一般的には住民の負担を増やさずに，行政サービス提供の高度化を図れる方策として，画期的な行政改革手法」（表序-2における総務省の主張）とまでいわれるにいたる。したがって，自治体の困難な財政状況は，それにともなう歳出削減と歳入の確保あるいは行政改革の必要性を通じて市町村合併に対する推進ベクトルを生じさせ，その強さは財政状況の深刻度（とこれにともなう行政改革の必要性）の認識に比例するものと考えられる。

　これらの促進要因に対して，アクターを含む多くの人々が，市町村の政治・行政（とその中心地）が合併によって市民から遠く離れたものになるであろうと考え，これを後述の「市民に近接した民主主義」「名誉職原理」あるいは「地域のきずな」という点でマイナスであると考える場合においては，自治体の合併に反対するベクトルが生じる。この場合においては，そのベクトルの強さは，特に，アクターである地域の政治家をはじめ住民の民主主義的な意識，地方自治における名誉職についての考え方あるいは地域のきずなの強さに左右されるであろう。

　同じことは，郡あるいはアムト等の補完機能が存在する場合にもいえる。なぜならば，住民に対してより高度の充実した行政サービスを実施するために合併して大きな市町村を創る必要はなく，デメリットも当然伴う市町村合

81

第4章　日本とドイツに違いをもたらした要因と評価

表4-1　市町村合併の促進要因と抑制要因

要　因	要因の内容		市町村合併との関係
促進要因	1	地方分権改革	受け皿としての市町村の強化
	2	人口の減少・高齢化	人的・財政的資源の集中
	3	自治体の財政危機 （行政改革の必要性）	規模のメリットによる歳出の削減と財源の確保
抑制要因	1	市民に近接した民主主義	政治の市民からの疎外
	2	名誉職原理	広域化による名誉職議員の活動の阻害
	3	地域アイデンティティー	共同精神（愛郷心）の崩壊・希薄化
	4	郡，アムト等の補完機能の存在	小規模市町村へのサポートによる行政サービスの確保

　併に対する抵抗が生じるであろうからである。つまり，上に述べた促進要因としての地方分権化のマイナス方向のベクトルが生ずるということである（後述）。

　以上の市町村合併の促進的要因と抑制要因をまとめれば，表4-1のとおりである。問題は，諸アクターの活動の結果として，これらの要因から生じるベクトルが促進あるいは抑制のどちらの方向に，どのような強さで，市町村の「地域改革」に対して力をおよぼすのかということになる。

　当然，このほかにも，前述のとおり，市町村の地域改革を促進させ，あるいは，抑制するベクトルが存在する。前述した「リーダーシップ」や合併のメリット，デメリットから来るベクトルのほか，例えば，国民の保守的な気分あるいは市町村のたどってきた歴史の経路等もある。しかし，本書においては，最も重要であると思われる上述した7つの要因に対象を限定して論を進めることとする。

第5章
地方分権改革と市町村合併

第1節　地方分権改革

1　日本における地方分権改革

第1期地方分権改革

　1993年の衆参両議院における地方分権改革推進決議は,「東京への一極集中を排除して, 国土の均衡ある発展を図るとともに, 国民が待望するゆとりと豊かさを実感できる社会をつくり上げていくために, 地方公共団体の果たすべき役割に国民の強い期待が寄せられて」いるとの認識を示すとともに, 中央集権的行政のあり方を問い直し, 地方分権をより一層推進する必要性を強調した。[1]

　そして,「このような国民の期待に応え, 国と地方との役割を見直し, 国から地方への権限移譲, 地方税財源の充実強化等地方公共団体の自主性, 自律性の強化を図り, 21世紀に向けた時代にふさわしい地方自治を確立することが現下の急務である」とした。

1　衆議院「地方分権の推進に関する決議」(1993年6月3日) および参議院「地方分権の推進に関する決議」(1993年6月4日)。

第5章　地方分権改革と市町村合併

　日本における地方分権改革の推進に関して見逃してはならないのは，日本における地方分権改革は，単に国から地方自治体への事務・権限の移譲をいうだけでなく，国の地方に対する関与をできるだけ廃止，縮小していくということも意味していた，否，むしろ第1期地方分権改革においては，後者の方により重点が置かれたものであるということである。2000年4月1日，地方分権一括法が施行されたが，この法律の目的は，国と地方の関係を従来の上下・主従の関係から対等・協力の関係に変えることにあり，その一環として機関委任事務が廃止された。従前の機関委任事務のもとにおいては，都道府県知事や市町村長は，ドイツにおける機関委任事務制度（Organleihe）のように，国の機関（延ばされた手）として各省大臣の包括的な指揮監督下におかれていた。機関委任事務の地方自体の事務全体に占める割合は，都道府県においてその事務全体の70から80パーセント，市町村においても30パーセントから40パーセントであったといわれている。機関委任事務を廃止した理由は，地方分権推進委員会の1996年の勧告によれば，次のような弊害を除去するためであった。

① 　主務大臣が包括的かつ権力的な指揮監督権を持つことにより，国と地方公共団体とを上下・主従の関係に置いている。
② 　知事，市町村長に，地方公共団体の代表者としての役割と国の地方行政機関としての役割との二重の役割を負わせていることから，地方公共団体の代表者としての役割に徹しきれない。
③ 　国と地方公共団体との間で行政責任の所在が不明確になり，住民にわかりにくいだけではなく，地域の行政に住民の意向を十分に反映させる

2 　地方分権推進委員会最終報告（2001年6月14日）「第1章　第1次分権改革を回顧して」。
3 　地方分権推進委員会第1次勧告（1996年12月20日）「第1章　国と地方の新しい関係」「Ⅱ　機関委任事務制度の廃止」。
4 　同上。

こともできない。
④　機関委任事務の執行について，国が一般的な指揮監督権に基づいて瑣末な関与を行うことにより，地方公共団体は，地域の実情に即して裁量的判断をする余地が狭くなっているだけではなく，国との間で報告，協議，申請，許認可，承認等の事務を負担することとなり，多大な時間とコストの浪費を強いられている。
⑤　機関委任事務制度により，都道府県知事が各省庁に代わって縦割りで市町村長を広く指揮監督する結果，国・都道府県・市町村の縦割りの上下・主従関係による硬直的な行政システムが全国画一的に構築され，地域における総合行政の妨げとなっている。

　機関委任事務の廃止の結果，今日，すべての事務は自治体の事務となり，都道府県においても，市町村においても，自治事務と法定受託事務の2つに分けられている。法定受託事務は，国が本来果たすべき役割にかかる事務であり，その適正な処理が国によって確保されなければならない事務とされる（地方自治法第2条第9項）。自治事務は，法定受託事務以外の事務である（同条第8項）。両方の事務についてはともに，都道府県議会または市町村議会の審議を経て決定されなければならない。機関委任事務が廃止される以前には，これらの議会は機関委任事務には関与できなかった。
　自治事務においては，国は，助言・勧告，資料の提出の要求，協議および是正の要求を行う権限しかない。法定受託事務の場合には，中央政府による関与がさらにひろく認められている。すなわち，上の権限のほか，同意，許可等，指示および代執行である。ただし，これらの関与も法律であらかじめ規定されなければならず，また，関与にあたっては書面で示されなければならないこととされている（表5-1）。

表5-1　国の関与の基本類型

事務の区分	関与の基本類型
自治事務	・助言・勧告 ・資料の提出の要求 ・協議 ・是正の要求
法定受託事務	・助言・勧告 ・資料の提出の要求 ・協議 ・同意 ・許可・認可・承認 ・指示 ・代執行

民主党政権と「地域主権」

　以上のような第1期分権改革後も，表5-2にあるように，引き続き，三位一体の改革や第2期地方分権改革が進められてきたが，そのような中で，2009年8月30日，民主党は総選挙で歴史的な勝利をおさめ，9月16日に鳩山内閣が発足した。これによって50年以上ほぼ中断なく続いてきた自由民主党政権が終焉を迎えた。民主党は，この総選挙において，「地域主権国家」の実現を公約したが，これに基づき，鳩山内閣は，「本当の国民主権の実現」と「内容のともなった地域主権」を基本方針の2つの柱とし，「地域の住民一人ひとりが自ら考え，主体的に行動し，その行動と選択に責任も負う『地域主権』へと，この国のあり方を，大きく転換していく」と表明した。

　同年11月17日には，「地域のことは地域に住む住民が決める『地域主権』を早期に確立する観点から，『地域主権』に資する改革に関する施策を検討し，実施するとともに，地方分権改革推進委員会の勧告を踏まえた施策を実施する」ため，総理を議長とする地域主権戦略会議を内閣府に設置し，「地域主権戦略の工程表」に基づき検討を進めた。

　2010（平成22）年6月22日には，政府は「地域主権戦略大綱」を閣議決定

表5-2　日本における地方分権の歴史

年　月　日	出　来　事
1993年 6月 3日	地方分権の推進に関する決議（衆議院）
4日	地方分権の推進に関する決議（参議院）
1995年 7月 3日	地方分権推進法施行，地方分権推進委員会発足
1996年12月20日	地方分権推進委員会第1次勧告
1997年 7月 8日	地方分権推進委員会第2次勧告
9月 2日	地方分権推進委員会第3次勧告
10月 9日	地方分権推進委員会第4次勧告
1998年 5月29日	地方分権推進計画閣議決定
11月19日	地方分権推進委員会第5次勧告
2000年 4月 1日	地方分権一括法施行（原則）
11月27日	市町村合併についての地方分権推進委員会意見
2001年 6月14日	地方分権推進委員会最終報告
7月 2日	地方分権推進委員会解散（地方分権推進法失効）
3日	地方分権改革推進会議発足
2002年 6月25日	「経済財政運営と構造改革に関する基本方針2002」（閣議決定）
2005年 6月21日	「基本方針2005」
11月30日	政府・与党，三位一体改革合意
2006年 7月 3日	地方分権21世紀ビジョン懇談会「報告書」
2007年 4月 1日	地方分権改革推進法施行
4月 2日	地方分権改革推進委員会第1回会議
5月30日	地方分権改革推進委員会「基本的な考え方」
2008年 5月28日	地方分権改革推進委員会第1次勧告
12月 8日	地方分権改革推進委員会第2次勧告
2009年 8月30日	衆議院議員総選挙
9月16日	民主党新政権発足
10月 7日	地方分権改革推進委員会第3次勧告
11月 9日	地方分権改革推進委員会第4次勧告
2010年 6月22日	「地域主権戦略大綱」閣議決定
2011年 5月 2日	「地域主権第1次一括法」，「国と地方の協議の場に関する法律」および「地方自治法改正法」の地域主権関連3法，公布・施行
8月24日	第30次地方制度調査会　第1回総会
8月30日	「地域主権第2次一括法」公布

し,「地域主権改革の全体像」を明らかにするとともに, ① 義務付け・枠付けの見直しと条例制定権の拡大, ② 基礎自治体への権限移譲, ③ 国の出先機関の原則廃止(抜本的な改革), ④ ひも付き補助金の一括交付金化, ⑤ 地方税財源の充実確保, ⑥ 直轄事業負担金の廃止, ⑦ 地方政府基本法の制定(地方自治法の抜本見直し), ⑧ 自治体間連携・道州制, ⑨ 緑の分権改革の推進の9項目にわたって当面の措置と今後の取り組み方針を示した。

そして,「地域主権改革」とは,「日本国憲法の理念の下に, 住民に身近な行政は, 地方公共団体が自主的かつ総合的に広く担うようにするとともに, 地域住民が自らの判断と責任において地域の諸課題に取り組むことができるようにするための改革」であるとの定義を示すとともに,「地域主権」は,「この改革の根底をなす理念」であり,「日本国憲法が定める『地方自治の本旨』や, 国と地方の役割分担に係る『補完性の原則』の考え方と相まって,「国民主権」の内容を豊かにする方向性を示すものである」としている。

2011(平成23)年4月28日,「地域主権改革」の当面の重要課題とされていた,「国と地方の協議の場に関する法律」「地域の自主性および自立性を高めるための改革の推進を図るための関係法律の整備に関する法律」(「地域主権第1次一括法」)および「地方自治法の一部を改正する法律」のいわゆる地域主権関連3法が可決成立し, 5月2日に公布された。

また, 同年8月24日には, 第30次地方制度調査会の第1回総会が開催され, 議会のあり方を始めとする住民自治のあり方, 大都市制度のあり方および東日本大震災を踏まえた基礎自治体の担うべき役割や行政体制のあり方についての審議が始まった。

同月30日には, 都道府県の権限の市町村への移譲(47法律)および義務付け・枠付けの見直しと条例制定権の拡大(160法律)を内容とする「地域主権第2次一括法」が成立し, 公布された(以上表5-2。なお,「平成の大合併」との対比は巻末参考資料1)。

2 ドイツの地方分権

「地方分権（Dezentralizierung）」と「地方分散（Dekonzentration）」

ヴォルマンによれば，ドイツにおける「地方分権」とは，組織間あるいは政府間において公共の事務を民主的に選ばれた代表機関および政治的な責任を有する執行・行政機関を持つサブ・ナショナルな単位に移譲することを意味する。つまり，地方分権は，本質的に「政治的な事務の移譲」を問題とするものである[5]。

これに対して，「地方分散」は，通常，移譲先が下位の行政単位である事務の移譲をいい，「本質的に行政的な事象」である[6]。

クールマンは，地方分権の3つのタイプを区別する[7]。すなわち，「政治的地方分権（Politische Dezentralizierung）」（「真正」あるいは「完全」自治体化）は，国家（州を含む）の事務の移譲である。通常，下位の執行機関としての（地方分散された）国家の（特別）機関あるいはその中級の役所（例えば，州行政管区）から地方自治体へ事務の移行が行われる。

これに対して，「行政的地方分権（administrative Dezentralizierung）」（「非真正」自治体化）は，「政治的地方分権」と同様に国家の事務の執行を地方自治体にゆだねるものであるが，自治体の代表機関の政治的参加は拒否される。

「行政的地方分散（administrative Dekonzentration）」は，中央政府の組織（各省，役所）の国家的事務を地方に所在する（地方分散化された）国家的あるいは半国家的行政単位に移すものである。

私見によれば，ドイツにおけるこのようなあいまいな「地方分権」の定義は，基本的に自治体が単なる各州の行政に属するものとしてしか認識されていないという点から来るものであり，それが，国（州）から，住民により近

5　Wollmann（2008）p.200.
6　同上。
7　Kuhlmann（2009）p.81，および同（2010）p.106.

い「地域政府」としての自治体への事務・権限の移譲であるという，肝心の点の認識が抜け落ちてしまっている。すなわち，上述した「地域主権」の実現に向けての1つの「パラダイム転換」であるという意義を没却してしまうおそれのあるものである。

これに対して，日本においては，「地方分権」は，「真正の」地方分権のみを指す。さらに，日本における「地方分権」は，上述のように，単に事務・権限の国から地方自治体への移譲のみならず，地方自治体に対する国の関与の廃止・縮小を意味するものである。例えば，地方分権推進委員会の中間報告（1996年）によれば，当時，地方分権化の重点は次の3つの改革におかれた。[8] 1つ目は，これまでの国と地方の上下・主従の関係を対等・協力の関係に改め，機関委任事務を廃止すること。2つ目には，これまで，国の各省が包括的な指揮監督権によって地方公共団体に行使してきた関与を，特に事前の権力的な関与を必要最小限度に縮小すること。したがって，国と地方の間の調整ルールと手続きを，公正・透明なものにすべきこと。3つ目には，特に，法令に明文の根拠を持たない通達による不透明な関与の排除による「法律による行政」の原理の徹底であった。

これに対して，「地方分散」は，「地方分権」とは区別されている。「地方分散」においては，1つの団体の内部における組織間の関係が問題となる。日本においては，このような国の内部における，あるいは，地方自治体の内部における「地方分散」に対する動きは，政令指定都市等の内部における「都市内分権」の議論を除き，あまり見られない。ニューパブリックマネジメント（NPM）にあたるドイツの新制御モデル（Neues Steuerungsmodell）においては，「地方分散」的な考え方が重要な一要素をなしているが，[9] 日本の地方公共団体におけるNPMにおいては，あまり強調されていない。

---

8 1996年3月29日，同委員会中間報告「第1章総論」。
9 例えば，「分権的資源管理責任」。石川（2007）参照。

ドイツにおける地方分権改革（自治体機能改革）

ドイツにおいては，1960年代から70年代にかけて「社会国家」体制が整備される中で，より高水準の社会サービスに対する住民需要の高まりを背景に，給付行政（Leistungsverwaltung）が法律によって自治体に義務付けられるかたちで増加していった。[10]　また，1970年代の　市町村および郡の地域改革と同時並行的に，いくつかの州で，地方分権改革，すなわち州から自治体への事務権限の移譲を中心とする自治体機能改革が行われた。それ以前には，州の特別官庁で執行されていた事務が自治体レベル，とりわけ郡および非郡所属市に移譲されたのである。[11]

続いて，1991年の欧州委員会勧告等を契機とする「補完性の原理」の地方自治制度への浸透は，ドイツを含むEU諸国への制度改革への影響となって現れ，「より小規模な地方政府への権限・事務の移譲と，これを広域的に補完する役割を担う中間団体の再編」につながったといわれている。[12]

また，東西ドイツ統一の結果，旧東ドイツ諸州においても，市町村と郡の地域改革がすすめられ，自治体の事務の増加および専門化を目指し，3層制（市町村―郡―州中級官庁）を採用していた州において，州中級官庁を廃止または縮小して，多くの事務の自治体への移譲が行われた。[13]

第2節　日本とドイツにおける地方財政のウェイト

次に，現状において「どの程度，地方分権が進んでいるか」を財政的な面から把握するため，主要国の地方財政のウェイトを見てみよう。図5-1のとおり，日本の地方自治体のGDPに対する支出割合は，他の国々に比べ小さ

10　武田（2003）p.7。
11　Ebinger/Bogumil（2008）p.167.
12　同上，p.11。
13　同上。

第5章　地方分権改革と市町村合併

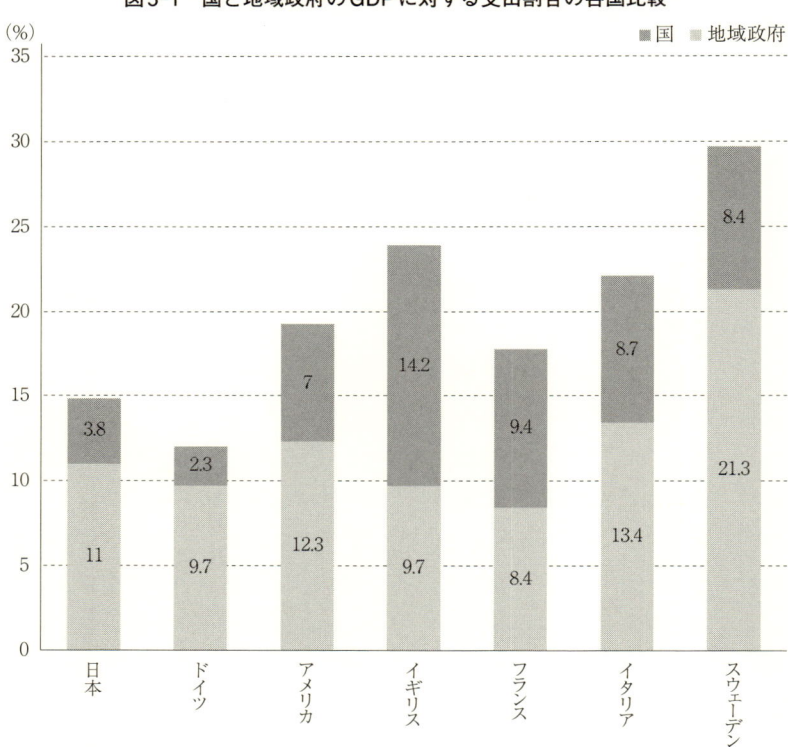

図5-1　国と地域政府のGDPに対する支出割合の各国比較

国	地域政府	国
日本	11	3.8
ドイツ	9.7	2.3
アメリカ	12.3	7
イギリス	9.7	14.2
フランス	8.4	9.4
イタリア	13.4	8.7
スウェーデン	21.3	8.4

（注）「地域政府」には州を含む。
（出典）総務省HP「地方財政関係資料」「GDP（2008年）に対する一般政府支出の国際比較」により作成。

第2節　日本とドイツにおける地方財政のウェイト

くない。もともとこれらの国における国と地域政府のGDPに対する支出割合自体が大きいこと，あるいはその多くが州レベルの地域政府を有する連邦国家，準連邦国家であることを考えれば，むしろかなりウェイトが大きいといえる。このことは，公共支出全体に占める地域政府の割合を見るとき，特に顕著である（図5-2）。ドイツとの支出額そのものの比較においても，このことはあてはまる。何故なら，このドイツの地域政府には，各州が含まれているからである。日本の自治体（都道府県および市町村）の支出規模は，ドイツのどの地域政府のそれと比較すべきであろうか。州を除いて，自治体（郡および市町村）のみと比較すべきであろうか。ドイツの自治体のみとの比較で見れば，人口規模の違いを考慮に入れてもなお，日本の地方自治体の支出は格段にドイツのそれよりも大きい（図5-3）。

　いずれにしても，日本の自治体のウェイトは，このように財政的な規模から見て比較的大きいが，それはいかなる理由によるものであろうか。日本の自治体，特に，市町村の規模が大きく，したがってその高い行財政能力がより多くの事務・権限の移譲を受けることを可能にしているということもあるが，そのほかに，私見によれば，2つの大きな理由を指摘できる。すなわち，前述のかつての機関委任事務と地方交付税の2つの制度の存在である。すでに述べたように，機関委任事務制度のもとにおいては，日本の中央政府の大臣は，都道府県知事または市町村長等に対し，自らの機関のように指示・命令することができた。したがって，中央政府の大臣は，地方自治体による事務の不執行や不適切な処理を心配することなく，多くの様々な国の事務を委任することができたのである。

　また，このような自治体の支出を財政的に支えることは，過去においても現在においても地方交付税が果たしている役割である（後述）。

第5章 地方分権改革と市町村合併

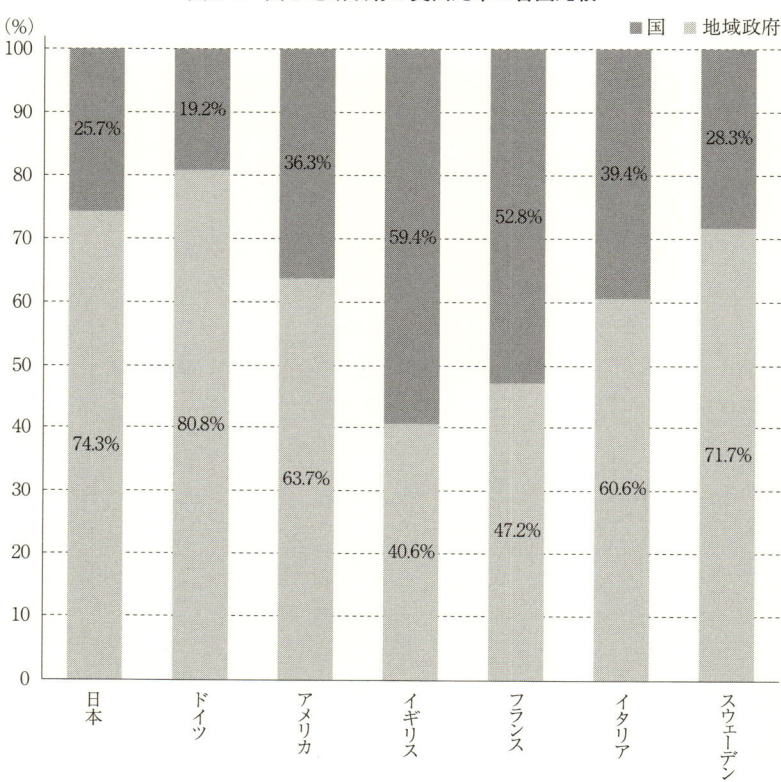

図5-2 国と地域政府の支出比率の各国比較

■国 ■地域政府

国	国	地域政府
日本	25.7%	74.3%
ドイツ	19.2%	80.8%
アメリカ	36.3%	63.7%
イギリス	59.4%	40.6%
フランス	52.8%	47.2%
イタリア	39.4%	60.6%
スウェーデン	28.3%	71.7%

（注）「地域政府」には州を含む。
（出典）総務省HP「地方財政関係資料」「GDP（2008年）に対する一般政府支出の国際比較」により作成。

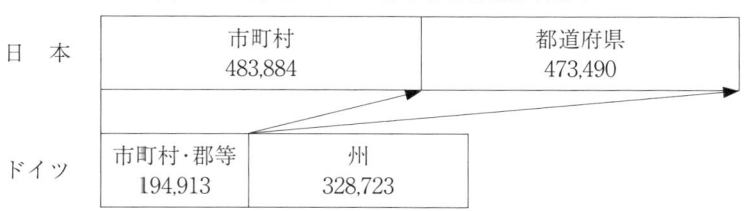

図5-3　日本とドイツにおける地域政府の支出

日　本	市町村 483,884	都道府県 473,490

ドイツ	市町村・郡等 194,913	州 328,723

（注）　日本は2008年度，ドイツは2009年。単位は億円（1ユーロ＝110円で換算）。
（出典）　総務省HP「平成22年版地方財政白書」「第2表　団体種類別決算規模の状況」およびドイツ連邦統計局HP「ドイツ統計年報2010　STATISTISCHES JAHRBUCH 2010」「23　財　政　と　税 Finanzen und Steuern」「Kennzahlen im Zeitvergleich: Ausgaben der öffentlichen Haushalte 2009」。

第3節　地方分権改革と市町村合併

　地方分権改革を推進するためには，移譲された事務を的確に遂行できるよう地方自治体の財政的および人的資源を充実強化することが必要となる。そして，そのため，地方分権改革が政治的なアジェンダである限り，地方自治体の合併に対してポジティブなベクトルが働くこととなる。都道府県を含む日本の地方自治体は，もともと，公共の支出全体において大きなウェイトを有していたが，地方分権改革によってさらなる事務の移譲が予想された。平成の大合併においては，政府をはじめ多くの地方自治体関係者が，この理由によって市町村合併を推進すべきであるとした。

　日本都市センターのアンケート調査（2008年，416の合併された市を対象）によれば，平成の大合併において，市町村合併に至った最も大きな理由は，「財政状況」であったように見える（図5-4）[14]。しかし，この調査を子細に見れば，「地方分権の推進」が決定的な理由であったことがわかる。なぜなら

14　日本都市センター（2007）。

第5章　地方分権改革と市町村合併

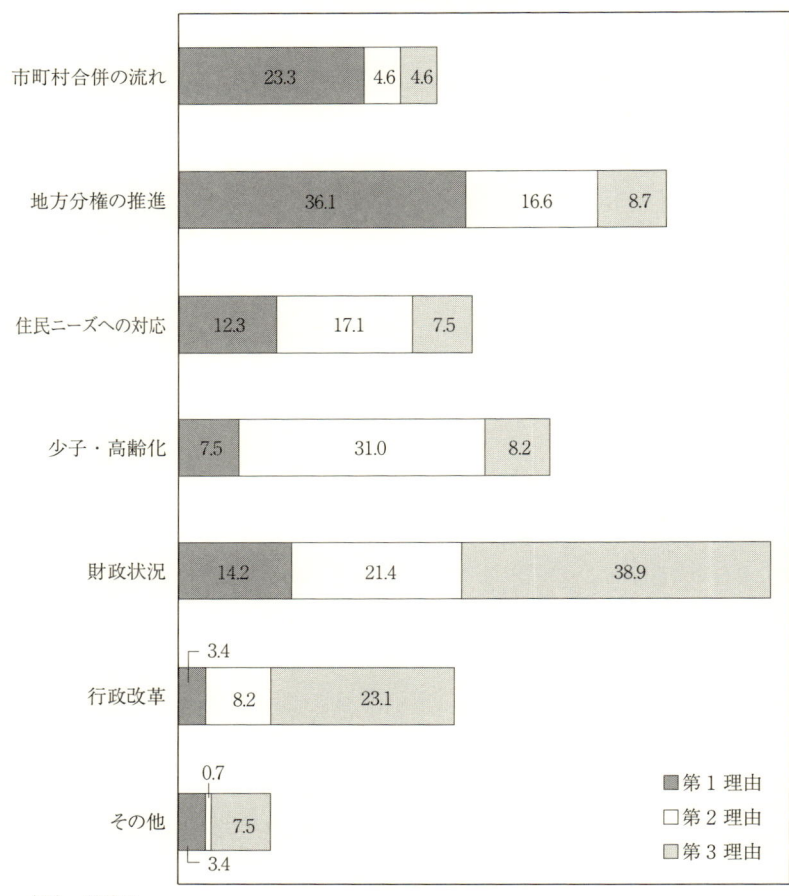

図5-4　日本における市町村合併の理由

理由	第1理由	第2理由	第3理由
市町村合併の流れ	23.3	4.6	4.6
地方分権の推進	36.1	16.6	8.7
住民ニーズへの対応	12.3	17.1	7.5
少子・高齢化	7.5	31.0	8.2
財政状況	14.2	21.4	38.9
行政改革	3.4	8.2	23.1
その他	0.7	7.5	3.4

（注）　単位％。
（出典）　日本都市センター（2007）をもとに筆者作成。

ば,「第1理由」(最も重視された理由) だけをとり出せば, 圧倒的に「地方分権の推進」がその理由となっているからである (同図)。もっとも, 市町村側に自らの将来の財政危機に対する大きな心配があったことも確かである。

ドイツにおいても, 地方分権改革が議論され, 推進されてきたが, 1つには自治体の担当する事務の範囲が, 元来, 日本に比べて小さく, したがって, 事務の移譲もそれほど大規模なものとなることが期待されず, 自治体の規模を日本におけるほど大きくするインセンティブが働かなかった。2つ目には, 前述したように, ドイツにおいては, 地方分権改革は単なる「行政的地方分権」あるいは「地方分散」にとどまったため, 規模の大きい, 行財政基盤の強力な市町村の構造は必要とされなかった。「真正な地方分権改革」を目指すのであれば, 大きな, 強い市町村が必要となる。なぜならば, その場合には, 市町村は州政府等に対して自立していくことが求められるからである。3つ目には, ドイツにおいては, 後述するように (合併の抑制要因) 小規模市町村の補完的機能を担うアムト, 連合市町村等の連携組織が存在し, 市町村を支えることができるからである。テスマンがドイツにおける郡の合併について次のように述べたことは市町村の合併にも当てはまる[15]。すなわち, 「現在の地域に対する侵害がより少ないものとして, 事務の共同処理体制の確立が郡の合併に優先される。郡の合併は, 機能不全の回避のための最後の手段と考えられている。まず, 事務の共同処理体制が確立できないのかどうかが問われるのである」。

結論的には, ドイツにおいては, 地方分権改革は,「多様な種類の機能改革の中で, 州の事務の1つの非政治的な」自治体化にすぎず, 市町村には「移譲された事務に対する参画および監視のための追加的な権限」は与えられなかった。地方分権改革は,「制度の機能的な弱点の克服を目指すものであり, 根本的なパラダイムの転換をもたらすものではない」と考えられたのである[16]。

15　Tessmann (2010) p.161.
16　Foljanty-Jost (2009) p.8.

第5章 地方分権改革と市町村合併

これに対して，日本においては，地方分権改革によって新しい国と地方の間での事務・権限の再配分が目指された。日本においては，地方分権改革は，「日本の政治システムにおける1つの根本的なパラダイム転換を意味した」のであり[17]，その分，市町村合併に対するインパクトが大きかったといえよう。

以上のことから，地方分権による市町村合併に向かってのベクトルは，日本の方がドイツより強いものとなったと考えられる。

17　同上。

第6章
人口の減少・高齢化と市町村合併

第1節　日本における人口の減少・高齢化

　国立社会保障・人口問題研究所の『日本の将来推計人口（平成18年12月推計）』（死亡中位・出生中位）」によれば，2005（平成17）年の日本の総人口は1億2,777万人であったが，以後長期の減少過程に入り，2030（平成42）年の1億1,522万人を経て，2046（平成58）年には1億人を割って9,938万人となり，2055（平成67）年には8,993万人になるものと推計されている[1]（図6-1）。

　このうち，年少人口は2009（平成21）年に1,600万人台へと減少する。その後も減少が続き，2039（平成51）年には1,000万人を割り，2055（平成67）年には752万人の規模になるものと推計される（図6-2）。この結果年少人口割合は，2005（平成17）年の13.8％から減少を続け，2025（平成37）年に10.0％となった後，2045（平成57）年の9.0％を経て，2055（平成67）年には8.4％となる（図6-2）。

　生産年齢人口（15～64歳）は戦後一貫して増加を続け，1995（平成7）年に8,716万人に達したが，その後減少局面に入り，2005（平成17）年8,409万

---

[1]　国立社会保障・人口問題研究所『日本の将来推計人口（平成18年12月推計）』（死亡中位・出生中位）」「1. 総人口の推移　出生中位推計の結果」。

第6章　人口の減少・高齢化と市町村合併

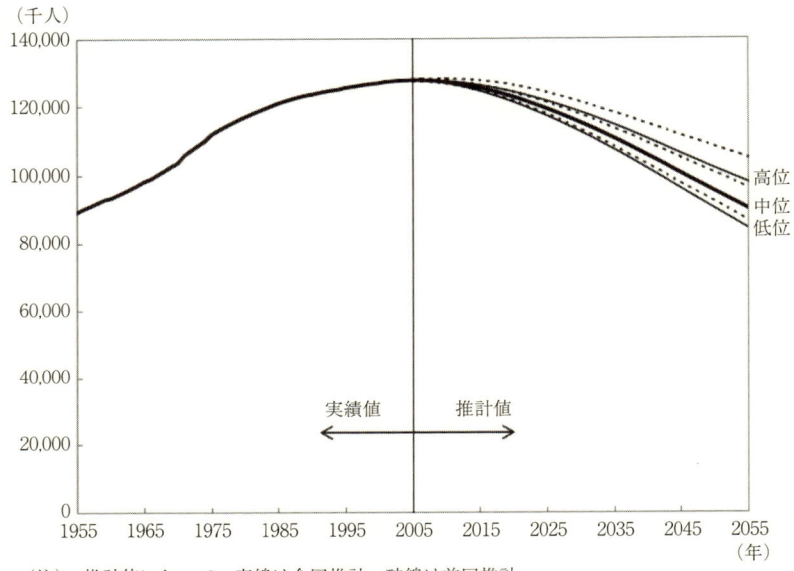

図6-1　総人口の推移（出生中位・高位・低位（死亡中位）推計）

（注）　推計値において，実線は今回推計，破線は前回推計。
（出典）　国立社会保障・人口問題研究所「日本の将来推計人口（平成18年12月推計）　結果の概要」。

人となった。2012（平成24）年には8,000万人を割り，2055（平成67）年には4,595万人となる（図6-2）。生産年齢人口割合は，2005（平成17）年の66.1%から減少を続け，2020（平成32）年には60.0%に縮小した後，2036（平成48）年に現在の水準よりおよそ10ポイント低い56.4%を経て，2055（平成67）年には51.1%となる（同図）。

老年〔65歳以上〕人口の推移は，2005（平成17）年現在の2,576万人から，団塊世代が参入を始める2012（平成24）年に3,000万人を上回り，2020（平成32）年には3,590万人へと増加する。その後しばらくは緩やかな増加期となるが，2030（平成42）年に3,667万人となった後，第2次ベビーブーム世代が老年人口に入った後の2042（平成54）年に3,863万人でピークを迎える。その後は一貫した減少に転じ，2055（平成67）年には3,646万人となる

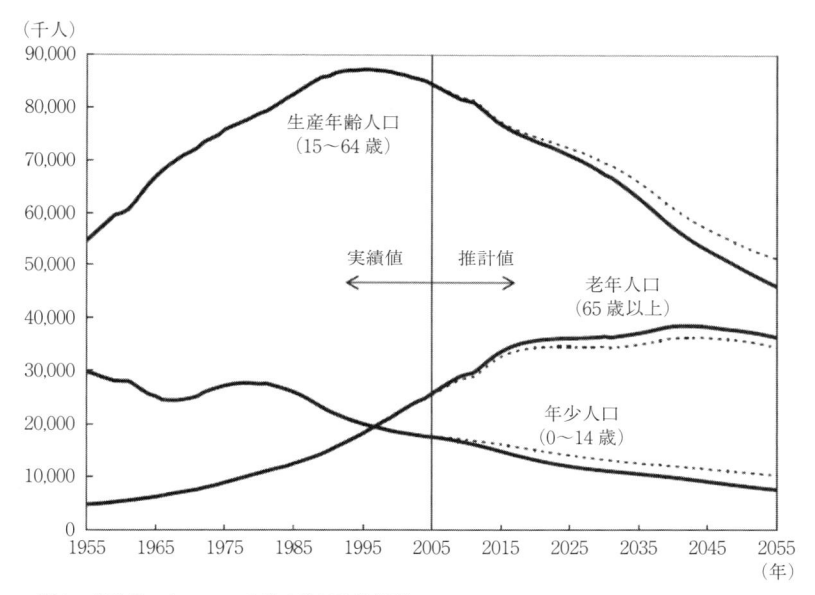

図6-2 年齢3区分別人口の推移（出生中位（死亡中位）推計）

（注） 推計値において，破線は前回中位推計。
（出典） 図6-1に同じ。

（図6-2）。そして，老年人口割合は，2005（平成17）年現在の20.2%〔約5人に1人〕から，2013（平成25）年には25.2%で4人に1人を上回り，その後は，2035（平成47）年に33.7%で3人に1人を上回り，50年後の2055（平成67）年には40.5%，すなわち2.5人に1人が老年人口となる。

これを都道府県別に見ると，2000（平成12）年から2005（平成17）年にかけて，既に32道県で人口が減少したが，今後2010（平成22）年から2015（平成27）年にかけては42道府県，2020年（平成32）から2025（平成37）年にかけては沖縄県を除く46都道府県，2025（平成37）年以降はすべての都道府県で人口が減少する。2035（平成47）年時点で2005年と比べ人口が増加しているのは，東京都と沖縄県のみである。[2]

2035年までの全国および上位4都府県，下位4県の人口の将来見通しは表

6-1のとおりである。

さらに，老年人口が総人口に占める割合は各都道府県とも今後一貫して増加する。老年人口割合が30％を超える都道府県は2005（平成17）年時点では1つもなかったが，2020（平成32）年には31道県で30％を超える。そして，2035（平成47）年には44都道府県で老年人口割合が30％を超える。

2035（平成47）年までの全国および上位4都府県，下位4県の老年人口割合の将来見通しは表6-2のとおりである。

また，市区町村別には，2005（平成17）年から2035（平成47）年にかけて，人口規模3万人以上の自治体は829から689に減少し，人口規模3万人未満の自治体は976から1,116に増加するが，その内訳では，人口規模5千人以上3万人未満の自治体は748から747へ僅かに減少するのに対し，人口規模5千人未満の自治体は228から369へ1.6倍増となる。その結果，人口規模5千人未満の自治体の全自治体に占める割合は，2035（平成47）年には2005（平成17）年の12.6％から20.4％へと7.8ポイント上昇する[3]（図6-3）。

市区町村別の老年人口割合では，2005（平成17）年から平成2035（47）年にかけてこの割合が上昇するのは，1,803自治体（全自治体の99.9％）である。この間に老年人口割合40％以上の自治体は51（2.8％）から753（41.7％）に増加するのに対し，老年人口割合20％未満の自治体は502（27.8％）から0（0.0％）となる[4]（図6-4）。

さらに，国土交通省の「国土形成計画策定のための集落の状況に関する現況把握調査」最終報告（2007（平成19）年8月）によれば，過疎地域を抱える全国775市町村の6万2,273集落のうち，全体の約15％（8,859集落）では，集落機能が低下もしくは維持困難になっており，前回調査時（1999（平成11）

---

[2] 国立社会保障・人口問題研究所『日本の都道府県別将来推計人口（平成19年5月推計）要旨』。

[3] 国立社会保障・人口問題研究所『日本の市区町村別将来推計人口』（平成20年12月推計）。

[4] 同上（平成20年12月推計）。

第1節　日本における人口の減少・高齢化

表6-1　都道府県別人口の将来見通し

順位	2005年		2020年		2035年	
	全　　国	127,768	全　　国	122,735	全　　国	110,679
1	東 京 都	12,577	東 京 都	13,104	東 京 都	12,696
2	大 阪 府	8,817	神奈川県	8,993	神奈川県	8,525
3	神奈川県	8,792	大 阪 府	8,358	大 阪 府	7,378
4	愛 知 県	7,255	愛 知 県	7,359	愛 知 県	6,991
⋮	⋮		⋮		⋮	
44	徳 島 県	810	徳 島 県	730	徳 島 県	622
45	高 知 県	796	高 知 県	708	高 知 県	596
46	島 根 県	742	島 根 県	656	島 根 県	554
47	鳥 取 県	607	鳥 取 県	561	鳥 取 県	495

(注)　単位は1,000人。
(出典)　国立社会保障・人口問題研究所『日本の都道府県別将来推計人口（平成19年5月推計）要旨』。

表6-2　老年人口割合の将来見通し

順位	2005年		2020年		2035年	
	全　　国	20.2	全　　国	29.2	全　　国	33.7
1	島 根 県	27.1	秋 田 県	36.5	秋 田 県	41.0
2	秋 田 県	26.9	島 根 県	34.9	和歌山県	38.6
3	高 知 県	25.9	山 口 県	34.9	青 森 県	38.2
4	山 形 県	25.5	高 知 県	34.6	岩 手 県	37.5
⋮	⋮		⋮		⋮	
44	愛 知 県	17.3	滋 賀 県	26.1	東 京 都	30.7
45	神奈川県	16.9	愛 知 県	25.7	滋 賀 県	29.9
46	埼 玉 県	16.4	東 京 都	25.5	愛 知 県	29.7
47	沖 縄 県	16.1	沖 縄 県	22.6	沖 縄 県	27.7

(注)　単位は％。
(出典)　表6-1に同じ。

第6章　人口の減少・高齢化と市町村合併

図6-3　人口規模別市町村数と割合

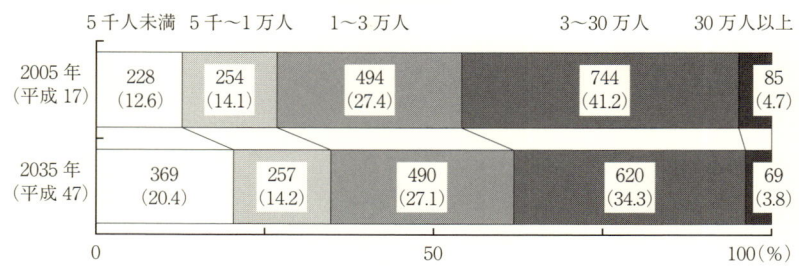

	5千人未満	5千〜1万人	1〜3万人	3〜30万人	30万人以上
2005年（平成17）	228 (12.6)	254 (14.1)	494 (27.4)	744 (41.2)	85 (4.7)
2035年（平成47）	369 (20.4)	257 (14.2)	490 (27.1)	620 (34.3)	69 (3.8)

（注）　グラフ内の数字は自治体数，カッコ内の数字は1,805市区町村に占める割合（単位は%）。割合については四捨五入して表記したため，合計が100にならないことがある。
（出典）　国立社会保障・人口問題研究所『日本の市区町村別将来推計人口（平成20年12月推計）』。

図6-4　老年人口割合別市町村数と割合

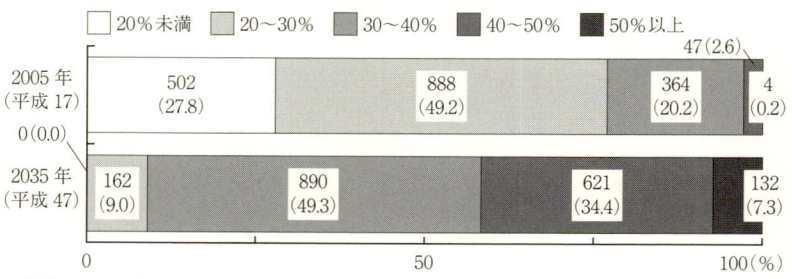

	20%未満	20〜30%	30〜40%	40〜50%	50%以上
2005年（平成17）	502 (27.8)	888 (49.2)	364 (20.2)	47 (2.6)	4 (0.2)
2035年（平成47）	0 (0.0)	162 (9.0)	890 (49.3)	621 (34.4)	132 (7.3)

（注）　グラフ内の数字は自治体数，カッコ内の数字は1,805市区町村に占める割合（単位は%）。割合については四捨五入して表記したため，合計が100にならないことがある。
（出典）　図6-3に同じ。

年）以来すでに191集落が消滅したが，今後10年以内に423集落，いずれ消滅するとみられる集落とあわせて，全体の4.2％にあたる2,643集落が消滅すると予測されている。

　このような日本における人口の減少・高齢化は必ずしもすべてマイナス面ばかりではないであろうが，政府の「基本方針2007」（2007（平成19）年6月19日）でも述べられているように，「人口減少というこれまで経験したことのない状況の中で」「人口増加を前提としたこれまでの諸制度を根本から見直し，人口減少という現実に対応したものに変革しなくてはならない」状況となっている。人口減少による都市の縮小は，ドイツ等世界の先進国にも見られる現象であるが，「かつて『成長』がそうであったように，社会の根底を揺るがすもので，理想像や行動モデルや実践のあり方を変化させながら，社会全体の方向転換を余儀なくさせていく」ものである。

　なお，このような人口の減少と高齢化の危機に対して地方自治体のとるべき道は，人口の減少等を時代の趨勢，客観的な情勢の変化と素直に受け止め，予測される人口の減少と高齢化に応じてこれまでの公共インフラや行政サービスを徹底的に見直し，「コンパクト・シティ」構想を超えるような抜本的な「まち全体の再改造」を実施していく「スマート・シュリンク」の道であると思われるが，これについては別に論じた。

5　ただし，政府の「基本方針2007」が主張する「経済成長の持続」については疑問がある（前掲，片木等『新戦略』）。
6　ドイツ連邦文化財団HP「テーマ／／／シュリンキング・シティ──縮小する都市」（2007.9.閲覧）による。前掲『地域づくり新戦略』参照。
7　前掲『地域づくり新戦略』。

第6章　人口の減少・高齢化と市町村合併

第2節　ドイツにおける人口の減少・高齢化

　ドイツにおいても，すでに2003年に減少に転じた人口はさらに減少し続けている。2005年に約8,250万人あった人口は，2050年には7,400万人ないし6,900万人に減少すると予測されている（図6-5）。高齢者と若年者との関係も大きく変化する。2005年末には，人口の20％が20歳未満，19％が65歳以上，残り61％が「生産年齢」（20歳以上65歳未満）であった（表6-3）が，このうち65歳以上の人口は，2030年代の末までに，1600万人弱から約2400万人に，すなわち1.5倍に増加する。その後，2050年には，「生産年齢」人口が人口の約半分にまで減少する。一方，人口の30％以上が65歳以上となり，約15％が20歳未満となる（表6-3および図6-6）。特に，東ドイツ地域においては，低い出生率に加えて，経済的変動と高失業率による西ドイツへの人口流出が影響して人口の減少が著しい（表6-4および6-5，図6-7および6-8）。

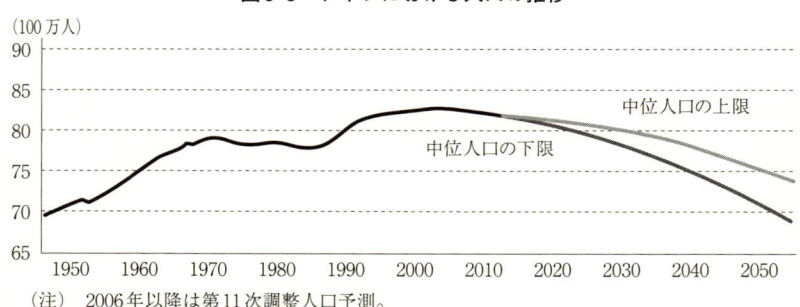

図6-5　ドイツにおける人口の推移

(注)　2006年以降は第11次調整人口予測。
(資料)　連邦統計局「第11次調整人口予測（koordinierte Bevölkerungsvorausberechnung）」。
(出典)　ドイツ人口研究所HP「Startseite」「Bevölkerung―Daten, Fakten, Trends zum demographischen Wandel in Deutschland　Erscheinungsdatum25.04.2008」。

第2節 ドイツにおける人口の減少・高齢化

表6-3 ドイツにおける主要年齢グループ別人口の推移（2005～2050年）

年	20歳未満		20歳以上65歳未満		65歳以上	
	下限	上限	下限	上限	下限	上限
2005	20.0	20.0	60.8	60.8	19.3	19.3
2010	18.3	18.3	61.1	61.1	20.5	20.5
2020	16.9	16.9	59.9	60.2	23.2	22.9
2030	16.4	16.6	54.9	55.5	28.7	27.9
2040	15.6	16.0	52.3	53.2	32.1	30.8
2050	15.1	15.4	51.7	52.8	33.2	31.8

（注）　単位は％。
（資料）　連邦統計局「第11次調整人口予測（koordinierte Bevölkerungsvorausberechnung）」「中位人口の上限と下限」。
（出典）　ドイツ人口研究所HP「Startseite」「Bevölkerung—Daten, Fakten, Trends zum demographischen Wandel in Deutschland　Erscheinungsdatum25.04.2008」。

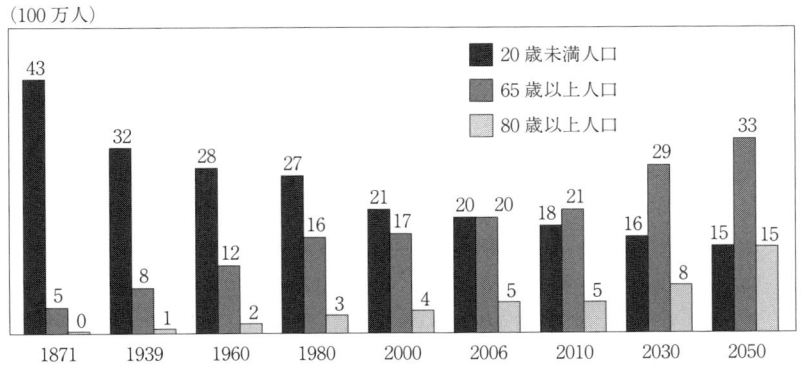

図6-6　20歳未満，65歳以上および80歳以上人口の推移

(100万人)

年	20歳未満人口	65歳以上人口	80歳以上人口
1871	43	5	0
1939	32	8	1
1960	28	12	2
1980	27	16	3
2000	21	17	4
2006	20	20	5
2010	18	21	5
2030	16	29	8
2050	15	33	15

（資料）　連邦統計局「第11次調整人口予測（koordinierte Bevölkerungsvorausberechnung）タイプ1-W1」，グラフは人口研究所（Bundesinstitut für Bevölkerungsforschung）作成。
（出典）　ドイツ人口研究所HP「Startseite」「Bevölkerung - Daten, Fakten, Trends zum demographischen Wandel in Deutschland　Erscheinungsdatum25.04.2008」。

第6章 人口の減少・高齢化と市町村合併

表6-4 旧西ドイツ地域（西ベルリンを除く），旧東ドイツ地域（東ベルリンを除く）およびベルリンにおける人口増減の要素

	旧西ドイツ地域	旧東ドイツ地域	ベルリン
国内移動増減差	968	－851	－134
国外移動増減差	3551	438	212
自然増減差	－412	－1088	－110
合計	4107	－1501	－31

（資料） 連邦統計局。
（出典） ドイツ人口研究所HP「Startseite」「Bevölkerung - Daten, Fakten, Trends zum demographischen Wandel in Deutschland　Erscheinungsdatum25.04.2008」。

表6-5 東西ドイツ間における年齢別人口の国内移動差（1991～2006年）

年　　齢	男	女
18歳未満	－108.9	－115.2
18歳以上30歳未満	－212.4	－175.3
30歳以上50歳未満	－84.1	－133.0
50歳以上65歳未満	－8.1	－25.9
65歳以上	2.7	0.3

（注） 旧東ドイツ地域から旧西ドイツ地域への年齢別移動人口。単位は千人。
（資料） 連邦統計局。
（出典） ドイツ人口研究所HP「Startseite」「Bevölkerung - Daten, Fakten, Trends zum demographischen Wandel in Deutschland　Erscheinungsdatum25.04.2008」。

第2節　ドイツにおける人口の減少・高齢化

図6-7　ドイツ各州における人口の増減状況（1990～2006年）

州	増減率(%)
ザクセン・アンハルト	-13.2
メクレンブルク・フォアポンメルン	-12
チューリンゲン	-11.5
ザクセン	-10.8
ザールラント	-2.8
ブレーメン	-2.6
ブランデンブルク	-1.2
ベルリン	-0.9
ノルトライン・ヴェストファーレン	3.9
ヘッセン	5.4
ハンブルク	6.2
ラインラント・プファルツ	7.7
シュレスヴィヒ・ホルシュタイン	7.9
ニーダーザクセン	8.1
バイエルン	9.1
バーデン・ヴュルテンベルク	9.3

（注）　単位は%。
（資料）連邦統計局，グラフは人口研究所作成のものを参考に筆者作成。
（出典）ドイツ人口研究所HP「Startseite」「Bevölkerung - Daten, Fakten, Trends zum demographischen Wandel in Deutschland Erscheinungsdatum25.04.2008」。

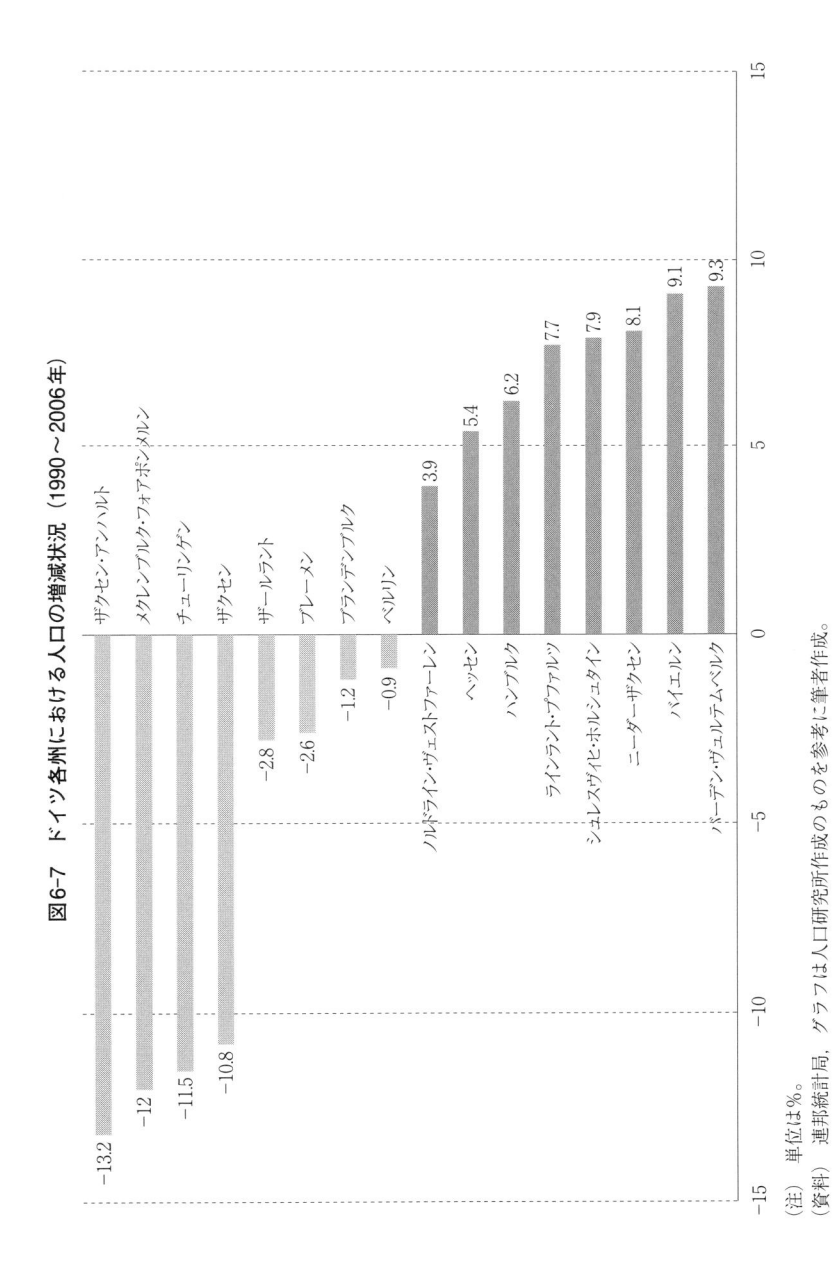

第6章 人口の減少・高齢化と市町村合併

図6-8 ドイツ・各州における人口の国内移動収支（1991～2006年）

州	収支（千人）
ニーダーザクセン	-454
ザクセン	-263
ザクセン・アンハルト	-261
チューリンゲン	-173
メクレンブルク・フォアポンメルン	-154
ベルリン	-134
ブレーメン	-23
ザールラント	-16
ブランデンブルク	0
ハンブルク	30
シュレスヴィヒ・ホルシュタイン	67
ヘッセン	138
ノルトライン・ヴェストファーレン	198
バーデン・ヴュルテンベルク	208
ラインラント・プファルツ	225
バイエルン	595

(注) 単位は千人。
(資料) 連邦統計局、グラフは人口研究所作成のものを参考に筆者作成。
(出典) ドイツ人口研究所HP「Startseite」「Bevölkerung - Daten, Fakten, Trends zum demographischen Wandel in Deutschland Erscheinungsdatum25.04.2008」。

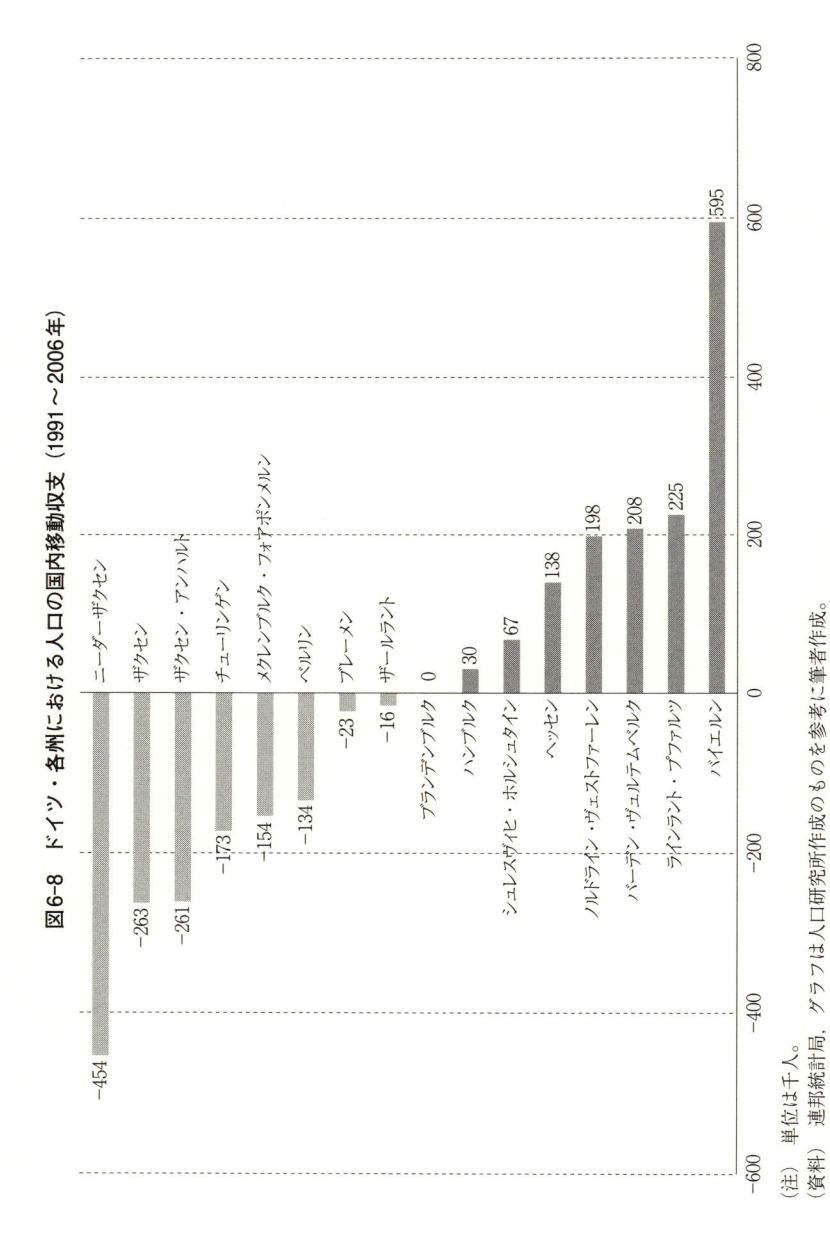

第3節　ドイツにおける「スマート・シュリンク」政策

1　連邦レベルの政策

　以上のように，特に，旧東ドイツ諸州での人口減少と高齢化が著しいドイツでは，すでに，数年前から，人口の減少と高齢化問題の深刻さが「シュリンキング・シティ」として認識され，これにたいして「スマート・シュリンク」政策が講じられている。ドイツにおいては，むしろ，「生活の質（Lebensqualität）」を改善していくための好機ととらえ，対策が講じられているのである。まず，連邦レベルにおいては，次の対策が進められている。[8]

　①　「周辺農村地域支援対策」

　2002年，連邦交通・建設・住宅省により実施された実地プロジェクトである。人口減少により，学校や商店，工場の閉鎖，交通機関廃止の危機に直面している，「メクレンブルギッシェ・ゼーンプラッテ（Mecklenburgische Seenplatte）」地域，「ラウジッツ・シュプレーヴァルト（Lausitz-Spreewald）」地域，「東チューリンゲン（Ostthüringen）」地域の3地域において，ニーズにあわせた効率的なインフラを整備するための構想が策定され，小学校の再配置，生徒や住民のための近隣交通の見直し，行政サービスのネットワーク化，上下水道等の確保のための中央・支所システムの開発，医療基礎サービスの改革が進められた。

　②　東西ドイツにおける都市再開発プログラム

　連邦政府は，2002年から，旧東ドイツ地域における都市再開発プログラ

---

[8]　ドイツ連邦交通・建設・都市開発省HP「人口動態変化：未来への挑戦のためのフィットネス Demografischer Wandel: Fit werden für die Herausforderungen der Zukunft」及びドイツ連邦文化財団Kultur Stiftung HP「テーマ///シュリンキング・シティ——縮小する都市」による（2007年11月13日現在）。

第6章　人口の減少・高齢化と市町村合併

ムの基本理念を人口変動と経済構造の変化を踏まえて従来の「成長」から「改造」へパラダイム変換を行い，各州と共同して，この新しい都市再開発プログラムによって都市建設および住宅政策に取り組む自治体に対し，助成することとした（2009年まで）。

　2004年以来，旧西ドイツ地域に対しても，このような都市再開発戦略の改定に助成している。

　③　ドイツ文化財団による，「シュリンキング・シティ・プロジェクト」

「都市の縮小」プロセスについて，デトロイト，イヴァノヴォ，マンチェスター・リバプール，ハレ・ライプツィヒの4つの都市圏で国際的な調査を実施するとともに，東ドイツ地域におけるこの問題の処理のための戦略を開発した。

2　ドイツのビターフェルト・ヴォルフェン市における取り組み

　次に，地方自治体における取り組みの1例として，筆者が2007（平成19）年9月に訪問，調査したドイツのビターフェルト・ヴォルフェン（Bitterfeld-Wolfen）市の状況を紹介する。同市は，2007年7月に，2市3村が合併してできた新しい市であり，人口は，約5万人である。2020年には3万8千人に減少するものと予測されているため，人口減少を前提に市の再改造を行うこととした。

　この2市3村は，すでに合併前の2006年，次の項目を将来の都市建設計画の主目的とする「共同統合都市発展構想」を策定している。

○　ヴォルフェン地区，ビターフェルト地区等における3つの市中心部の指定とその役割強化。
○　企業立地および公共インフラと「生存配慮行政」（上下水道等）の市中心部への集中。
○　同市の外部から内部に向かっての都市の改造，市中心部への集中，周辺

部の住居立地の抑制または禁止。

　例えば,「ヴォルフェン北区」では, 2000年から2006年までの間にすでに4,235の住居が取り壊され, 当時, 770の住居がその準備段階にあり, その後, さらに860の住居の取り壊しが計画されていた。全体で, 5,865の住居の取り壊しが2010年までに予定されていた。また, 同区では, すでに, いくつかの学校, 幼稚園等が閉鎖されたが, その後も, 幼稚園の閉鎖, 統合が予定された。さらに, 同区の文化的伝統的行事において市民の参加による運営が進められ, ドイツの他の都市のモデルになるような成功事例となっている。[9]
　市長によれば, 同市は, 今後も, 企業の誘致等による地域活性化の努力も継続し, その成果にも期待しているが, 10数年後の人口減少の予測を踏まえ, それにあわせた都市の改造を進めているとのことであった。

第4節　人口の減少・高齢化と市町村合併

　人口の減少・高齢化の状況は, 日本においても, ドイツにおいても, 急速に進展するものと予想され, 市町村の将来に対する不安が生じてきている。すなわち, これによって経済が低迷して税収入が減少するとともに, 高齢化に伴う財政需要が増大することが懸念されるのである。そこで, このような人口の減少・高齢化に起因する問題に対処するため, 市町村は, 合併によってその人的・財政的資源を集中させる必要があると考えるようになる。
　人口の減少・高齢化は, 3つの側面に分けられる。①若年層の減少, ②高齢者層の増加および③人口全体の減少である。
　前述の日本都市センターのアンケート調査 (2007年) によれば, 平成の大合併において, 市町村が合併を推進した理由のうち, ①と②にあたる「少

9　旧ヴォルフェン市「第3次ヴォルフェン北区都市建設基本構想 (Städtebauliches Leitbild Wolfen-Nord 3. Fortschreibung)」(2007年6月)。

第6章　人口の減少・高齢化と市町村合併

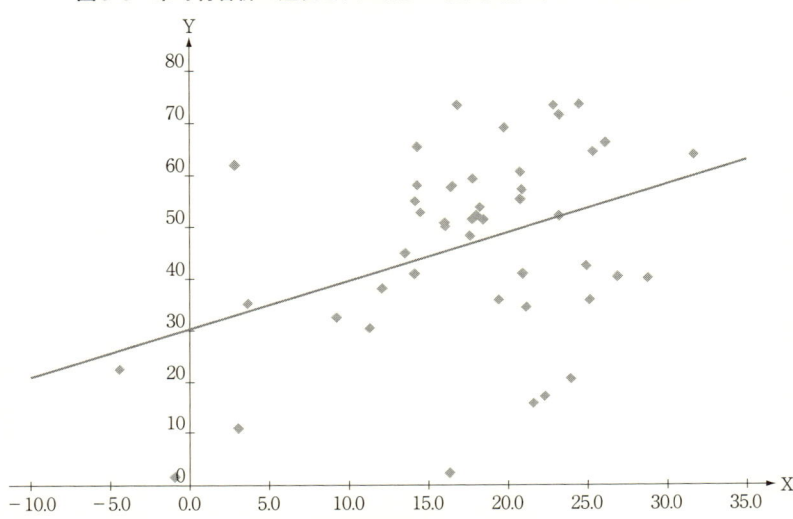

図6-9　市町村合併の進展と人口減少の相関関係（日本の各都道府県）

（注）　X：2005年から2035年までの各都道府県の人口減少割合。
　　　　Y：1989年から2010年までの各都道府県における市町村数の減少割合。
　　　　相関係数：0.377。
（出典）　総務省HP，市町村の合併および国立社会保障・人口問題研究所HP『日本の将来推計人口（2006年）資料』により作成。

子・高齢化」は，合計では第3位であった（図5-4）[10]。このアンケート調査にも見られるように，③の人口全体の減少は，平成の大合併時には，人々の意識に明確には上っていなかったようである。

次に，日本における市町村合併の進展（変数：1989年から2010年までの各都道府県における市町村数の減少割合）と人口全体の減少（変数：2005年から2035年までの各都道府県の人口減少割合）との間の相関関係を見てみると，日本の各都道府県においては，弱い相関関係が認められる（相関係数：0.377，図6-9）。

これに対して，ドイツの旧東ドイツ諸州においては，人口全体の減少と市

10　日本都市センター（2007）。

第4節 人口の減少・高齢化と市町村合併

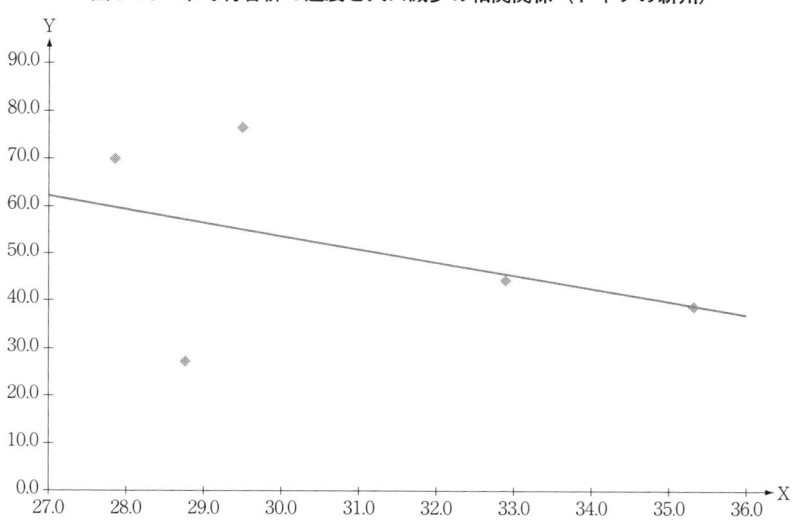

図6-10 市町村合併の進展と人口減少の相関関係（ドイツの新州）

(注) X：2007年から2050年までの各州の人口減少割合。
　　 Y：1990年から2010年までの各州における市町村数の減少割合。
　　 相関係数：－0.417。
(出典) ドイツ連邦統計局Statistisches Bundesamt「ドイツの人口推計Bevölkerung Deutschlands bis 2050, 11. koordinierte Bevölkerungsvorausberechnung」、同「統計年報1991年 Statistisches Jahrbuch 1991 für das vereinte Deutschland」および同「統計年報2010年 Statistisches Jahrbuch 2010 für das vereinte Deutschland」。

州　名	人口減少率	市町村数減少率
ブランデンブルク州	29.5	76.6
メクレンブルク・フォアポンメルン州	28.8	27.3
ザクセン州	27.8	70.0
ザクセン・アンハルト州	35.3	38.8
テューリンゲン州	32.9	44.4

(注) 単位は％。
(出典) 図6-10に同じ。

第6章　人口の減少・高齢化と市町村合併

町村合併との間に正の相関関係は認められない。それどころか、負の相関が示されている（図6-10）。これらの州においては、他の要素が人口全体の減少よりも市町村合併に強い影響を及ぼしたものと推定される。

　日本においては、「シュリンキング・シティ」問題に対する政治家の意識は、極めて低かった。これに対して、ドイツにおいては、かなり以前から、政治家たちはこの問題に真剣に立ち向かい、連邦政府においても、各州政府においても、あるいは地方自治体においても、様々な対策が講じられ実行されてきた。ドイツにおいては、政治が「蛇の前のウサギ（Kaninchen auf die Schlange）」のように、おじけづいてしまわなかったのである[11]。それどころか、この問題の解決に対する戦略が積極的に講じられた。

　このような意味において、日本においては未来に対する不安がかえって大きく、市町村合併を促進するベクトルがしたがってそれだけ強かったといえるであろう。ドイツにおいては、人口の減少・高齢化の問題に対して様々な対策が実行された結果、この問題を市町村合併によって解決しようとするベクトルは日本よりも弱くなったものと思われる。

---

[11] Bauer（2009）p.16.

第7章
自治体の財政危機と市町村合併

第1節　日本とドイツにおける財政状況

1　日本の財政状況

国と地方の財政状況

　市町村合併の促進要因として次に比較・検討を行うのは，市町村をめぐる危機的な財政状況である。

　長年にわたって，日本の経済は低迷を続け，国も地方も税収入の減少に悩まされてきた。加えて，2008（平成20）年秋のリーマンショックに端を発した世界的な金融経済危機に対して，2009（平成21）年4月，政府は，15.4兆円の追加経済対策（「経済危機対策」）を決定し，その結果，新たに発行する国債は10.8兆円に上るとともに，同年度の国債発行額総額も44兆円を超える過去最大のものとなった。

　同年9月16日に発足した鳩山内閣は，「事業仕分け」を進めてマスコミの注目を浴びたが，結局，民主党がマニフェストで約束したことによる歳出圧力もあり，大幅な歳出削減にはつながらず，2010（平成22）年度の国・地方のプライマリーバランスは，なお33.5兆円の巨額の赤字に達し，さらに憂慮

第7章　自治体の財政危機と市町村合併

すべき状況に陥った。

　このため，同年6月22日，閣議決定された政府の「財政運営戦略」においては，2021（平成33）年度以降，国・地方の公債等残高の対ＧＤＰ比を安定的に低下させるため，国・地方のプライマリー・バランスを遅くとも2015（平成27）年度までに赤字対GDP比を2010年度から半減させること，遅くとも2020（平成32）年度までに黒字化すること等が決定された。

　このような状況の中で，わが国は今回の大震災に見舞われたのである。

　国際通貨基金（IMF）は，2011年4月12日に公表した各国の財政状況に関する報告書の中で，日本の財政の現状について，政権交代に伴う歳出拡大などで，大震災の前から「財政の健全化は先送りされていた」と批判した。そして，東日本大震災に伴う復興事業で新たな財政支出が想定されるが，震災の被害を把握した後は早期の財政健全化につながる「一段と明確な対策が必要になる」と指摘し，「現在極めて税率が低い」消費税の増税と社会保障制度改革などを盛り込んだ新たな財政運営戦略の策定を求めた。[1]

　同年6月30日，政府・与党社会保障改革検討本部は「社会保障・税一体改革成案」を決定した。

　これによれば，社会保障の安定財源確保の基本的枠組みとしては，まず，社会保障給付に要する公費負担の費用は消費税収を主な財源とし，消費税収を充てる分野は現在，高齢者3経費であるが，これからはそれを基本としながら，社会保障4経費，すなわち年金，医療，介護，少子化に充てることとしている。

　消費税率の段階的引上げについては，「社会保障給付の規模に見合った安定財源の確保に向け，まずは，2010年代半ばまでに段階的に消費税率（国・地方）を10％まで引き上げ，当面の社会保障改革にかかる安定財源を確保する」とされた。消費税収の引上げ分の5％については，「機能強化」分として3％相当が充てられ，その内訳は，制度改革に伴う増，高齢化等に伴う増

1　2011年4月12日，共同通信社報道。

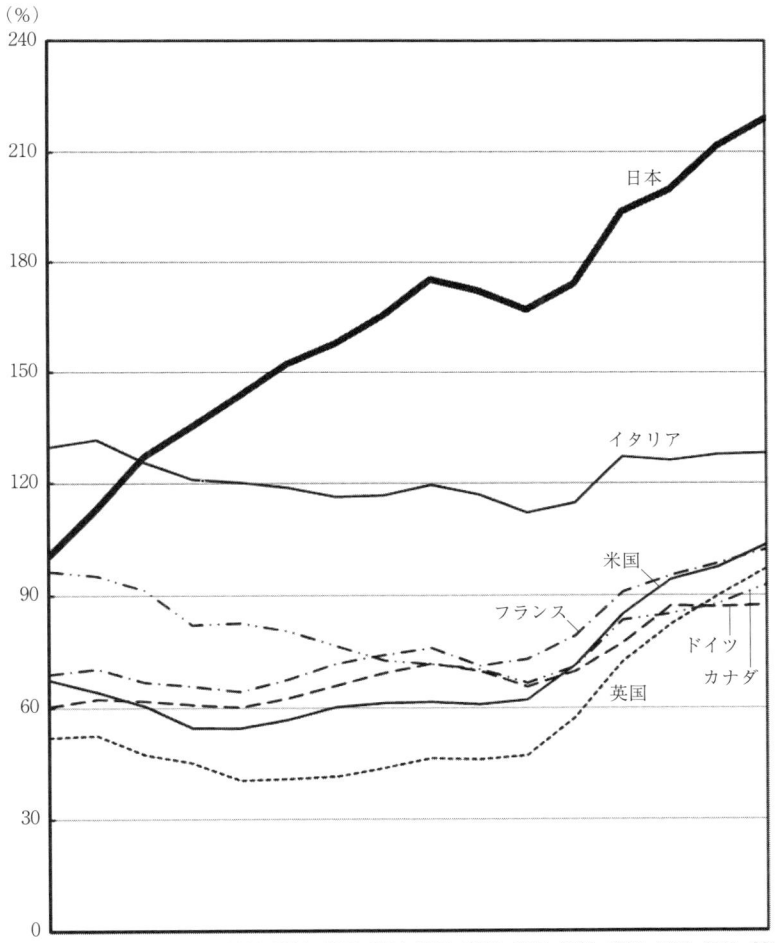

第1節　日本とドイツにおける財政状況

図7-1　債務残高の国際比較（対GDP比）

（注）　本資料はOECD, Economic Outlook 90による2011年12月時点のデータを用いており，2012年度予算（政府案）の内容を反映しているものではない。
（出典）　日本については，財務省HP「予算・決算＞毎年度の予算・決算＞予算＞平成24年度＞政府案」「我が国の財政事情」による。

第7章　自治体の財政危機と市町村合併

および年金の国庫負担2分の1である。また現在，後代に負担を先送りしている部分について「機能維持」分として1%相当，消費税引上げに伴う社会保障支出等の増に1%が充てられる。

結果として，改革に伴う新規歳出増に見合った安定財源の確保に2%分が，プライマリー・バランスの改善に3%分が充てられ，これにより，社会保障の安定財源確保と財政健全化の同時達成への一里塚が築かれることになるとされた。

社会保障・税一体改革のスケジュールとしては，社会保障・税一体改革にあたって「国と地方の協議の場」で真摯に協議していくこと，社会保障改革について工程表に従い，各分野において遅滞なく順次その実施を図っていくこと，税制抜本改革について「政府は日本銀行と一体となってデフレ脱却と経済活性化に向けた取り組みを行い，これを通じて経済状況を好転させることを条件として遅滞なく消費税を含む税制抜本改革を実施するため，平成21年度税制改正法附則第104条に示された道筋に従って平成23年度中に必要な法制上の措置を講じる」こととされている。

この「経済状況の好転」については，総合的に判断するものであること，また，予期せざる経済変動にも柔軟に対応できる仕組みとすること，これらについて，政府・与党において十分検討し，法制化の際に必要な措置を具体化することとされている。

さらに，不断の行政改革，徹底的な歳出の無駄の排除に向けた取り組みを強め，国民の理解と協力を得ながら社会保障と税制の改革を一体的に進めることとされた。

2011年7月29日，政府の東日本大震災復興対策本部は，「東日本大震災からの復興の基本方針」を決定し，今後，5年間の「集中復興期間」（平成27年度末）に実施する施策・事業に要する経費19兆円程度のうち，1次，2次補正予算分を除いた13兆円の財源は，「歳出の削減，国有財産売却のほか，特別会計，公務員人件費等の見直しや更なる税外収入の確保及び時限的な税制措置により」確保するとしたが，当初「増税」と明記していた10兆円は

民主党内からの反対論に配慮し,「税制措置は,基幹税などを多角的に検討する」と規定するにとどまった。

8月12日には,「中期財政フレーム」が閣議決定され,平成24年度から3年間の予算の大枠が示された。この中で,「基礎的財政収支対象経費」(国債費を除く経費)の上限を71兆円とし,新規の国債発行額を平成23年度当初予算の44兆円以下とされた(東日本大震災による復興費は別枠扱い)。

同日,内閣府が公表した「経済財政の中長期試算」によると,消費税率を平成27(2015)年度までに10%に引き上げ,10兆円規模の復興増税を実施する前提でも,国と地方の基礎的財政収支は平成32(2020)年度に17.6兆円～18.3兆円の赤字になる。

政府・与党は2012年1月6日,社会保障改革本部を開催し,現在5%の消費税率を2014年4月に8%,2015年10月から10%に引き上げることなどを盛り込んだ社会保障と税の一体改革大綱素案を正式決定した。

急速に高齢化している日本の社会を考えれば,各国に比べて非常に低い消費税率5%を引き上げていくこと以外に方法はない状況である。

地方財政の状況

図7-2にあるように,ここ10数年,日本の地方財政は,巨額の財政収支の不足となっており,平成23年度も14.2兆円の財源不足となり,地方財政計画の約17.3%に達する見込みとなっている(当初。図7-2)。

このような公共財政の危機的状況によって,都道府県と市町村の財政状況もまた悪化している。国と地方の債務残高は,2011年度末にはそれぞれ700兆円,200兆円に達している(表7-1)。

この結果,市町村の財政も危機的な状況にあり,年々の地方債発行額(ドイツでは赤字にカウントされている。後述)も,巨額に上り,その結果,地方債現在高も高止まりになっており,地方債および債務負担行為から貯金である積立金現在高を引いた額も,減少傾向にある(図7-3)。

さらに,市町村の財政の弾力性を表す経常収支比率でみると,2010(平成

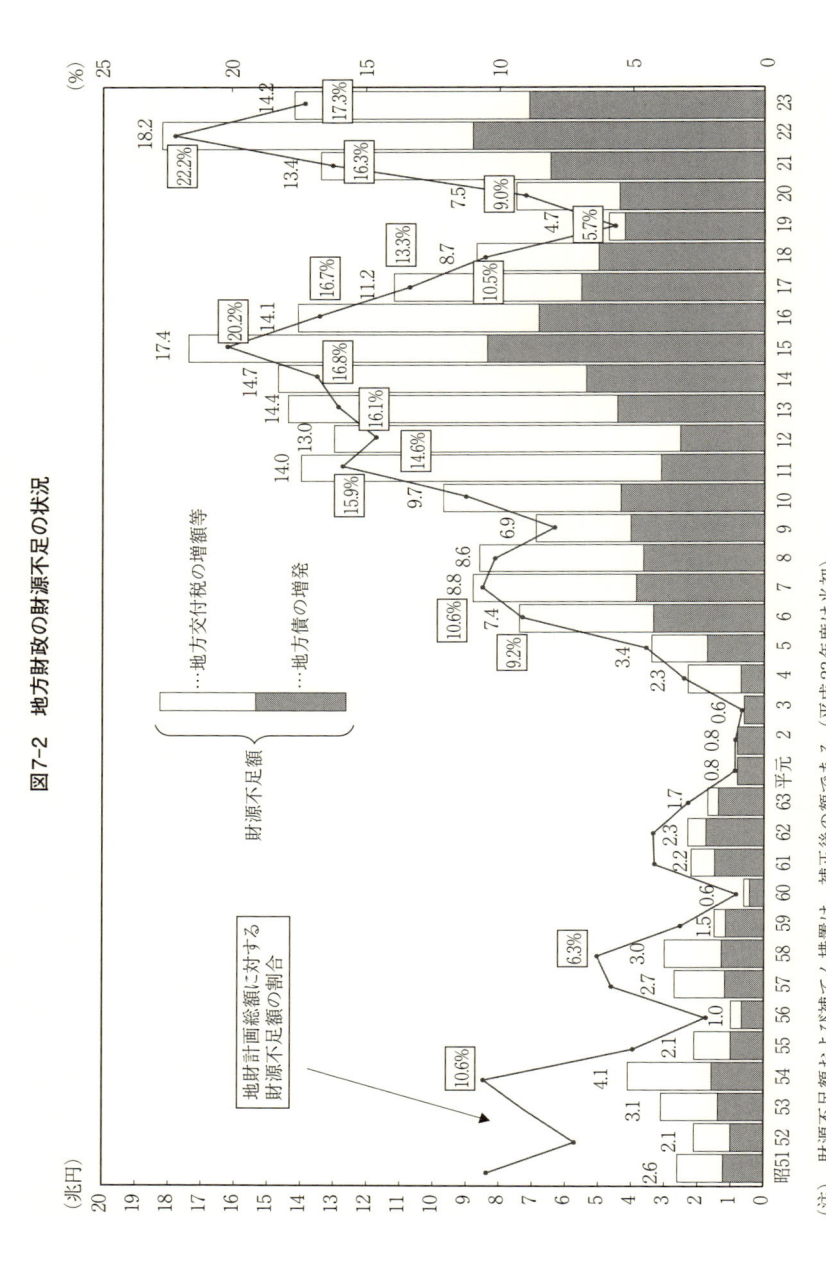

第7章　自治体の財政危機と市町村合併

図7-2　地方財政の財源不足の状況

122

第1節　日本とドイツにおける財政状況

表7-1　国および地方の長期債務残高

	平成5年度末 (1993年度末) ＜実績＞	平成10年度末 (1998年度末) ＜実績＞	平成15年度末 (2003年度末) ＜実績＞	平成20年度末 (2008年度末) ＜実績＞
国	242程度	390程度	493程度	573程度 (568程度)
普通国債 残高	193程度	295程度	457程度	546程度 (541程度)
対GDP比	39.9%	57.8%	91.1%	112% (110%)
地方	91程度	163程度	198程度	197程度
対GDP比	19%	32%	40%	40%
国・地方 合計	333程度	553程度	692程度	770程度 (765程度)
対GDP比	69%	108%	138%	157% (156%)
	平成21年度末 (2009年度末) ＜実績＞	平成22年度末 (2010年度末) ＜実績＞	平成23年度末 (2011年度末) ＜実績見込＞	平成24年度末 (2012年度末) ＜政府案＞
国	621程度 (613程度)	662程度 (645程度)	703程度 (691程度)	737程度 (725程度)
普通国債 残高	594程度 (586程度)	636程度 (619程度)	676程度 (664程度)	709程度 (697程度)
対GDP比	125% (124%)	133% (129%)	144% (141%)	148% (145%)
地方	198程度	200程度	200程度	200程度
対GDP比	42%	42%	43%	42%
国・地方 合計	819程度 (811程度)	862程度 (845程度)	903程度 (891程度)	937程度 (925程度)
対GDP比	173% (171%)	180% (176%)	192% (190%)	195% (193%)

(注)　単位は兆円。
(出典)　財務省HP「予算・決算＞毎年度の予算・決算＞予算＞平成24年度＞政府案」「我が国の財政事情」。

第7章　自治体の財政危機と市町村合併

22）年度には全体で2.6ポイント低下したが，なお89.2％であり，実質公債費比率も，全体で0.7ポイント低下したが，10.5％となっている（表7-2）。

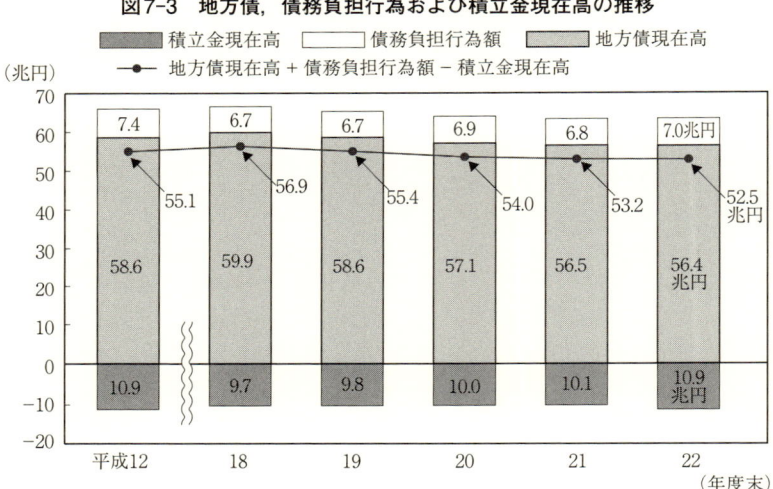

図7-3　地方債，債務負担行為および積立金現在高の推移

（兆円）

年度末	積立金現在高	地方債現在高	債務負担行為額	地方債現在高＋債務負担行為額−積立金現在高
平成12	10.9	58.6	7.4	55.1
18	9.7	59.9	6.7	56.9
19	9.8	58.6	6.7	55.4
20	10.0	57.1	6.9	54.0
21	10.1	56.5	6.8	53.2
22	10.9兆円	56.4兆円	7.0兆円	52.5兆円

（出典）　総務省HP「政策＞地方行財政＞地方財政の分析＞普通会計決算」「市町村普通会計決算の概要」。

表7-2　市町村の財政構造の弾力性

区　分	平成22年度	平成21年度	対前年度増減
経常収支比率	89.2％	91.8％	−2.6％
（うち人件費充当）	（25.1％）	（26.7％）	（−1.6％）
実質公債費比率	10.5％	11.2％	−0.7％

（出典）　総務省HP「平成22年度市町村普通会計決算の概要」（2011年12月28日報道資料）。

2 ドイツの市町村の財政状況

ドイツの市町村にとっても、財政は非常に厳しい状況にあり、特に景気の動向を反映した営業税収入の減少による財政収支（日本とは異なり、地方債は収入に含まれない）の悪化が特徴である。2000年から2010年までの地方団体の財政収支は、図7-4のとおりであるが、2006年から回復していた財政も、2009年には、再び急激に落ち込んだ。原因は、歳入面では営業税の収入減、歳出面では社会福祉経費の支出増にある[2]。

ドイツ都市会議も、2009年の市町村の財政収支が、149億ユーロ減少して

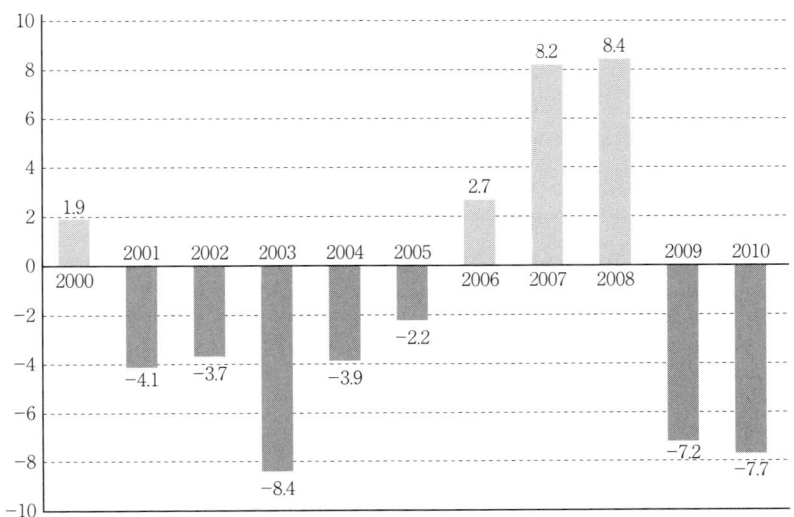

図7-4　ドイツの市町村および市町村組合の財政収支（都市州を除く、2000〜2010年）

年	値
2000	1.9
2001	−4.1
2002	−3.7
2003	−8.4
2004	−3.9
2005	−2.2
2006	2.7
2007	8.2
2008	8.4
2009	−7.2
2010	−7.7

（注）　単位は10億ユーロ。
（出典）　ドイツ財務省HP「Publikationen」「Monatsbericht digital」「Monatsbericht August 2011」「Analysen und Berichte」。

2　ドイツ財務省HP「Publikationen」「Monatsbericht digital」「Monatsbericht August 2011」「Analysen und Berichte」（2012.1.10.閲覧）。

第7章　自治体の財政危機と市町村合併

図7-5　ドイツの市町村の財政収支と債務残高

（注）　単位は10億ユーロ。2010年は推計。
（資料）　連邦統計局「地方財政統計」。
（出典）　Anton, Stefan und Diemert, Dörte「2010年市町村財政報 (Gemeindefinanzbericht 2010)」，ドイツ都市会議 (Der Deutsche Städtetag)，2010年5月。

72億ユーロになったとし，2010年も，「多年にわたる厳しい経済危機が終わって税収が再び増加して以来，戦後で最も悪い年を記録する」こととなろうと述べるとともに，「危機はこれによってもまだ去っていない。さらに削減される補助金と，とどまることを知らない社会福祉給付の増加によって，赤字は2011年に最高額に達するもの」と予想し，「市町村財政，それは出口の見えないトンネルである」と嘆いている[3]。

3　ドイツ都市会議（Der Deutsche Städtetag）「市町村財政報告（2010年5月）」。

第2節　日本とドイツにおける財政調整システム

1　「十分性の原則」と「立法者負担の原則」

　地方自治体にどのような財源が保障されなければならないかについては，「地方自治のグローバル・スタンダード」である「ヨーロッパ地方自治憲章[4]」に定めがある[5]。すなわち，同憲章第9条（地方自治体の財源）は，地方自治体が「十分な自主財源」を付与されなければならず，当該財源が「憲法および法律により付与された権限に応ずるもの」であり，「地方自治体がその任務の遂行に要する費用の現実的変動に実際に可能な限り対応しうる，十分に多様かつ弾力的なものでなければならない」と定めている（「十分性の原則（principle of adequate resources）」）。

　さらに，ヨーロッパ評議会2005年勧告においては，地方自治体に対し，「新たな事務の実施を義務づけるときは，所要の財源措置を講じなければならない」としている[6]（「牽連性の原則（principle of concomitant financing）（英），（Konnexitätsprinzip）（独）」）。なお，「牽連性の原則」という言葉については，訳語としてもわかりやすいとはいえない上に，ドイツにおいても混乱が見られるので，以下，本書では，原則として「立法者負担の原則（Grundsatz der Gesetzeskausalität）」という語を用いることとする[7]。

---

[4]　多国間条約として1985年6月採択，1988年9月発効。
[5]　以下，自治総合センター「『自立』と『連帯』の地方財政に向けて」（2006年）による。
[6]　欧州評議会「基礎的地方自治体及び広域的地方自治体の財源に関する勧告」第1号付属文書1-2-12（2005年1月）。
[7]　ドイツにおいては，特に，市町村の財政関係において，「牽連性（Konnexität）の原則」＝「立法者負担の原則」（原因者負担の原則）として使用される場合が多いが，単純に「任務とその支出責任の関係の原則」の意味に理解している例として，ベルテルスマンHP「Konnexität zwischen Aufgaben und Ausgaben」。

日本における「十分性の原則」と「立法者負担の原則」

　日本においては,「十分性の原則」そのものを明文化した憲法ないし法令上の規定はない。しかし,後述のように,地方財政計画と地方交付税の仕組みを通じて,事実上,自治体が標準的な事務を実施するのに必要な財源がすべて保障される仕組みになっている。

　本来,経費負担の原則として,地方自治体の事務を行うために要する経費は原則として当該地方自治体が全額これを負担すべきものである(地方財政法第9条本文)。これは,事務を執行する者がその経費も負担すべきであるとする考え方から来ている(「執行者負担の原則」)。

　しかし,福祉国家の進展等にともない,国が多くの分野で地方自治体に事務の実施を義務付けたにもかかわらず,何らの財源措置も行わないというわけにはいかない。そこで,地方自治法および地方財政法では,経常的経費,公共事業費および災害復旧事業費等に対する国庫負担金等について上記原則の例外を定める(地方財政法第10条〜第10条第4項)とともに,事務の処理を義務付ける場合の国の財源措置義務が定められた。すなわち,地方自治法では,「法律又はこれに基づく政令により普通地方公共団体に事務の処理を義務付ける場合は,国はそのために要する経費の財源につき必要な措置を講じなければならない」(同法第232条第2項)とされるとともに,地方財政法では,国庫負担金事業の地方負担についても原則として地方交付税の基準財政需要額に算入するものとされている(同法第11条第2項)。さらに,地方自治体等が法律又は政令に基づいて新たな事務を行う義務を負う場合には,国が財源措置を構ずべきであると義務付けられている(同法第13条,傍点筆者)。

　つまり,日本においては,すでに,「十分性の原則」も「立法者負担の原則」も,ともに制度化されているということができる。問題は,それらの原則が実際の地方交付税等の算定にあたって,完全に実行されているかどうかということである。

ドイツにおける「十分性の原則」と「立法者負担の原則（牽連性の原則）」

連邦国家であるドイツにおいては，連邦と州は財源配分にあたって対等の関係に立つ。すなわち，「連邦および州は，経常的な収入の枠内で，それぞれ自らの支出を充足する対等の権利を有する」とされている。その際，その支出額の算定にあたっては，数カ年にまたがる財政計画が考慮されなければならない（GG第106条第3項Ⅰ）。また，手続き的にも，州の財政に関する法律の制定については各州の代表からなる連邦参議院の同意を要する（GG第106条～第109条）ことから，州に対等な地位が保障されているといえる。

ドイツにおいても，執行者負担が原則とされ，「連邦および各州は，事務の実施に要する費用をそれぞれ負担する」（GG第104a条第1項）。

例外は，次の4つの場合である。

① 委任行政に係る連邦の費用負担（同2項）
② 州によって執行される，金銭給付に係る連邦の費用負担（同3項）
③ 共同事務に係る連邦の負担（地域経済構造改善，農業構造改善等の事務に係る連邦負担（GG第91a条および第91b条））[8]
④ 連邦の財政援助（GG第104a条第4項）

連邦法により余儀なくされた短期的な州の支出増または収入減は，連邦の財政交付金により調整される（GG第106条第4項）とされているが，事務の義務化にともない完全な財源保障を定める「立法者負担の原則」は定められておらず，この点をめぐってブレーメン等が争っている。

市町村レベルの財政については，ドイツ基本法第28条の「地方自治の保障」規定は財政的自己責任の基盤を整備することも含まれ，市町村には税率決定権のある税が認められなければならないとされている（同条第2項後段）。

市町村の財政負担にかかる「立法者負担の原則」については，州憲法および州法において，委託事務および義務事務を設ける場合，その費用の一部または全部を州が保障すべきものとされているにとどまっている。そのた

---

8 高等教育機関の建設と教育計画にかかる「共同事務」は，2006年の第1期連邦制度改革で廃止された。

め，近年，市町村の側から，生活保護費の財源などについて「立法者負担の原則」が強く主張されている。1997年，ニーダーザクセン州憲法裁判所は，同州の市町村財政調整制度をめぐる違憲判決の中で，同州の「交付金の総額は，州・市町村双方の事務量と費用，固有財源の動向を踏まえ，両者の負担が均衡の取れた形となるように決定されるべき」であり，市町村の義務的な自治事務（生活保護など）の財政需要の測定にあたっては，「立法者負担の原則」に従い，所要経費を的確に反映するようにしなければならないとした。[9]

さらに，2010年10月12日には，ノルドライン・ヴェストファーレン州の憲法裁判所が児童育成法に関する判決において，同州憲法に規定されている牽連性の原則（立法者負担の原則）は尊重されるべきであり，自治体は児童扶助のための財政調整交付金を受ける権利があるとした。これについては，後述する（本節第3項）。

2　日本の財政調整

第1期地方分権改革の結果，日本の地方自治体は，国（「中央政府」）と対等・協力の関係に立つ「地方政府」[10]として，自己決定と自己責任の下，地域の様々な事務を分任し，その住民の期待に応えていくべきことが求められるようになった。

そして，そのためには，その事務を遂行するための十分な財源が保障される必要があり，中でも，自主財源としての地方税の充実・強化によることが望ましいが，現実には，地方自治体間には経済力の差からくる税収格差があり，全国一律の地方税制で対応することには無理が生じる。

そこで，中央政府または地方政府にいったん帰属した税収を他の政府に交付する「財政調整」が必要となる。このような「財政調整」としては，中央政府または地方政府に帰属した税収を下位[11]のレベルの地方政府に交付する

9　前掲，自治総合センター「『自立』と『連帯』の地方財政に向けて」（2006年）。
10　「地方政府」については，片木（2008）参照。

「垂直的財政調整」と，地方政府に帰属した税収を同レベルの他の地方政府に交付する「水平的財政調整」が区別される。日本の地方交付税や後述のドイツの連邦補充交付金は前者に，ドイツに特有の州間財政調整交付金は後者に該当する。

日本の地方財政計画と地方交付税

日本における財政調整は，垂直的財政調整のみであるが，地方財政計画と地方交付税によって行われている。地方財政計画は，日本のすべての地方自治体の翌年度の歳入歳出総額の見込みであり，内閣が作成して国会に提出することとなっている（地方交付税法第7条）。その役割は，(1) 地方交付税制度とあいまって地方財源の保障を行うこと，(2) 地方財政と国家財政・国民経済等との調整を行うこと，(3) 個々の地方自治体の行財政運営の指針となることである[12]。

地方交付税制度は，「地方団体の自主性を損なわずにその財源の均衡化を図り，交付基準の設定を通じて地方行政の計画的な運営を保障すること」（同法第1条）ことを目的としている。すなわち，地方自治体間における財政力の格差を解消する財政調整機能と地方交付税の総額を国税5税の一定割合とすることにより地方財源を総額として保障するとともに，基準財政需要額，基準財政収入額の算定を通じて，どの地方自治体に対しても行政運営が可能となるように，必要な財源を保障する財源保障機能を有するとされる[13]。

2011年度地方財政計画によれば，同年度に全国の地方自治体に配分される地方交付税の総額は，17兆3,734億円であり，同年度はこの94％（2013年度まで。2014年度95％，2015年度からは96％）が普通交付税，残りの6％（2013年度まで。2014年度5％，2015年度からは4％）が特別交付税として配分

---

11 「上下・主従」という意味では，もちろんない。
12 総務省「平成19年版　地方財政白書」の「用語の解説」。
13 ただし，財務省は，財源保障機能の廃止を主張したことがある（2005年5月18日，経済財政諮問会議における財務大臣発言（「議事要旨」）および提出資料）。

される。2011年度の普通交付税の総額は16兆4,193億円に上り，47都道府県のうち46道県，1,724市町村（当時）のうち1,666市町村が交付対象団体となっている[14]。

普通交付税については，2007年度から，「算定方法を抜本的に簡素化するため」として，「国の基準づけがない，あるいは弱い行政分野」について，人口と面積を基本とする簡素な算定（新型交付税）が導入された。

日本の地方交付税制度

地方交付税制度は本来，「地方固有の財源」と考えられ，その機能は地方自治体間の財政の不均等を調整するものであり，事務の執行に必要な財源を保障するものである。したがって，「地方交付税」という名前はミスリーディングなものであり，近年は，地方6団体によって，地方交付税を「地方共有税」に改正すべきであるという見解が唱えられている。地方交付税法によって，地方交付税の総額は，所得税および酒税の32％，法人税の34％（2007年度以来），消費税の29.5％（1997年度以来），たばこ税の25％と定められている。地方交付税は，全体の96％（2015年度以降）を占める普通交付税と4％を占める特別交付税で構成される。普通交付税は次のように算定される[15]（図7-6）。

```
各団体の普通交付税額 ＝ 基準財政需要額 － 基準財政収入額
                    ＝ 財源不足額
基準財政需要額 ＝ 単位費用 × 測定単位 × 補正係数
基準財政収入額 ＝ 標準的税収入見込額 × 基準税率（75％）
```

---

14 当初算定。総務省HP「広報・報道＞報道資料一覧＞平成23年度　普通交付税の算定結果等」（2011.8.5.閲覧）。

15 総務省HP「政策＞地方行財政＞地方財政制度＞地方財政関係資料」，「地方交付税の性格」（2011.1.11.閲覧）。

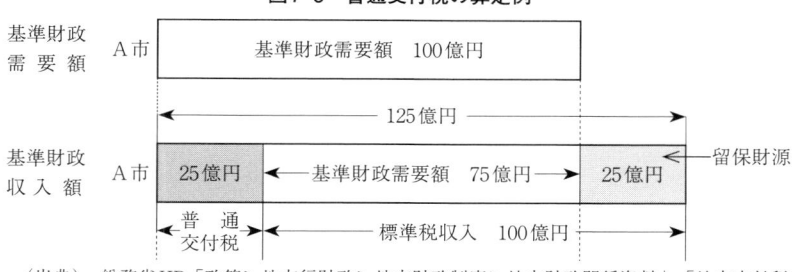

第2節　日本とドイツにおける財政調整システム

図7-6　普通交付税の算定例

基準財政需要額　A市　基準財政需要額　100億円

基準財政収入額　A市　25億円　基準財政需要額　75億円　25億円　←留保財源
　　　　　　　　　　普通交付税　　標準税収入　100億円
　　　　　　　　　←―――――――125億円―――――――→

（出典）　総務省HP「政策＞地方行財政＞地方財政制度＞地方財政関係資料」，「地方交付税の性格」。

［基準財政需要額］

各地方団体の財政需要を合理的に測定するために，当該団体について地方交付税法第11条の規定により算定した額（地方交付税法第2条第3号）である。

各行政項目別にそれぞれ設けられた「測定単位」の数値に必要な「補正」を加え，これに測定単位ごとに定められた「単位費用」を乗じた額を合算して算定する。

［単位費用］

財政需要は，各地方団体の測定単位（国勢調査人口など）に「単価」を乗じることによって算定されるが，この測定単位に乗ずる単価が「単位費用」である（表7-3）。

単位費用は「標準的条件を備えた地方団体が合理的，かつ妥当な水準において地方行政を行う場合又は標準的な施設を維持する場合に要する経費を基準」として算定され，法定されている（地方交付税法第2条第6号）。

［補正係数］

基準財政需要額の算定にあたっては，すべての都道府県またはすべての市町村に費目ごとに同一の単位費用が用いられる。

しかし，実際の各地方団体の測定単位当たりの行政経費は，自然的・社会的条件の違いによって大きな差があるので，これらの行政経費の差を反映させるため，その差の生ずる理由ごとに測定単位の数値を割増し又は割落としている。この

表7-3 普通交付税の測定単位と単位費用

1 「個別算定経費」市町村

経費の種類	測定単位	単位費用
一 消防費	人口	1人につき11,400円
二 土木費	道路の面積	1000平方メートルにつき83,500円
1 道路橋りょう費	道路の延長	1キロメートルにつき230,000円
2 港湾費	港湾における係留施設の延長	1メートルにつき30,000円
	港湾における外郭施設の延長	1メートルにつき6,130円
	漁港における係留施設の延長	1メートルにつき12,600円
	漁港における外郭施設の延長	1メートルにつき4,710円
3 都市計画費	都市計画区域における人口	1人につき1,100円

（以下省略）

2 「個別算定経費」以外

地方団体の種類	測定単位	単位費用
道府県	人口 面積	1人につき12,170円 1平方キロメートルにつき1,218,000円
市町村	人口 面積	1人につき22,410円 1平方キロメートルにつき2,562,000円

（注）　一部見本的に示したもの。巻末参考資料2参照。
（出典）　地方交付税法別表（第12条関係，23年度市町村分）より抜粋作成。

補正に用いる乗率が補正係数である（寒冷補正など）（巻末参考資料3参照）。

［基準財政収入額］

「基準財政収入額」とは，各地方団体の財政力を合理的に測定するために，当該地方団体について地方交付税法第14条の規定により算定した額とされている（地方交付税法第2条第4号）。

具体的には，地方団体の標準的な税収入の一定割合により算定された額となっている。

第2節 日本とドイツにおける財政調整システム

表7-4 平成23年度普通交付税交付額（道府県分・市町村分）

都道府県	道府県分			市町村分		
	基準財政需要額	基準財政収入額	普通交付税額	基準財政需要額	基準財政収入額	普通交付税額
北海道	1,120,254	431,813	688,441	1,347,809	574,472	773,337
青　森	315,496	96,013	219,483	314,217	119,668	194,549
岩　手	322,331	92,470	229,860	322,822	124,183	198,639
宮　城	361,188	177,408	183,780	442,390	256,132	186,258
秋　田	271,174	72,577	198,597	285,751	98,692	187,059
山　形	267,341	82,437	184,904	256,878	107,956	148,923
福　島	374,696	148,822	225,874	409,398	209,935	199,463
茨　城	435,144	256,923	178,221	483,877	328,315	155,562
栃　木	307,970	169,816	138,154	330,214	242,911	87,302
群　馬	307,368	169,583	137,786	347,321	227,446	119,876
埼　玉	772,774	571,532	201,242	958,672	813,761	144,911
千　葉	671,964	502,207	169,757	732,505	582,129	150,376
東　京	1,866,987	1,576,580	-	421,899	367,033	54,866
神奈川	869,633	788,616	81,017	1,233,879	1,171,435	62,444
新　潟	471,803	181,031	290,773	504,621	251,007	253,615
富　山	222,426	93,313	129,113	214,313	130,264	84,049
石　川	230,623	98,0431	32,580	236,724	132,724	104,000
福　井	199,315	71,127	128,188	157,496	97,739	59,757
山　梨	203,292	74,303	128,990	181,969	93,193	88,776
長　野	396,100	171,614	224,486	479,273	235,169	244,104
岐　阜	341,184	165,332	175,851	393,393	235,655	157,738
静　岡	492,175	334,050	158,125	547,686	449,229	98,457
愛　知	786,762	734,233	52,529	924,685	833,530	91,155
三　重	304,438	166,543	137,895	337,992	220,868	117,124
滋　賀	229,933	120,026	109,907	247,955	165,800	82,154
京　都	372,066	203,691	168,375	462,033	307,634	154,400
大　阪	1,037,756	747,439	290,317	1,404,485	1,143,596	260,889
兵　庫	759,845	446,441	313,404	992.492	689,770	302,722
奈　良	240,684	94,299	146,385	248,572	138,104	110,467
和歌山	230,719	67,970	162,749	213,380	103,356	110,023

135

鳥 取	173,448	42,201	131,246	141,584	56,381	85,202
島 根	231,991	50,951	181,040	211,127	70,577	140,551
岡 山	314,017	146,979	167,038	402,710	224,520	178,191
広 島	423,606	231,925	191,681	548,423	349,948	198,475
山 口	287,568	112,589	174,979	289,902	157,681	132,221
徳 島	207,805	60,576	147,229	164,972	75,583	89,389
香 川	194,719	82,465	112,254	192,472	113,746	78,726
愛 媛	273,852	105,868	167,983	302,126	151,507	150,619
高 知	222,312	50,132	172,180	202,433	72,269	130,165
福 岡	663,108	380,286	282,822	901,724	564,862	336,863
佐 賀	202,438	63,049	139,389	174,275	80,084	94,191
長 崎	311,041	90,366	220,675	334,289	128,960	205,330
熊 本	341,097	121,215	219,882	394,437	167,884	226,553
大 分	258,300	86,171	172,129	260,451	125,125	135,325
宮 崎	260,001	76,697	183,304	244,988	102,118	142,871
鹿児島	384,259	112,521	271,737	409,937	157,398	252,539
沖 縄	284,702	81,535	203,167	255,816	122,223	133,593
合 計	19,817,705	10,801,779	8,725,519	20,866,370	13,172,572	7,693,798

(注) 市町村分については，財源不足団体分を記載している。また，表示単位未満を四捨五入しているため，各都道府県の数値の計と合計は一致しない。単位は百万円。
(出典) 総務省HP「広報・報道＞報道資料一覧＞平成23年度 普通交付税の算定結果」（2011年8月5日閲覧）。

三位一体の改革

　地方分権の一環としての地方税財源の充実については，第1期地方分権改革当時，地方自治体側から強く要請があり，国会においてもその必要性が認識されていた。そのため，2001年4月に発足した小泉内閣では，「構造改革」課題の一つとして「三位一体の改革」が推進されることとなった。[16]

　その結果，国税である所得税から地方の住民税への3兆円の税源移譲は実現したが，同時に，地方交付税は約5.1兆円の削減（臨時財政対策債を含む），国庫補助負担金は約4.7兆円の削減となり（表7-5），地方自治体側から，「国

16　衆議院の議員修正による地方分権一括法附則第251条および参議院付帯決議参照。

表7-5 三位一体改革の成果

国庫補助負担金改革	約△4.7兆円
税源移譲	約 3.0兆円
地方交付税改革（臨時財政対策債を含む）	約△5.1兆円

（出所）　平成17年12月27日閣議口頭報告「『三位一体の改革』の成果」。

庫補助負担金改革については補助率の切り下げや交付金化などが行われたため，地方の裁量を高める真の分権改革はいまだ道半ばであり，地方交付税の削減については小規模市町村をはじめ，地方は厳しい財政運営を強いられる結果となり，地域の活性化には必ずしもつながらなかった」旨の批判がなされている[17]。

この結果，地方自治体の国への信頼は失われ，今日，都道府県知事も，市町村長も，さらには地方議会の議員たちも，国の財政状況に対しても，自身の属する地方自治体の財政状況に対しても大きな危惧を抱くようになっている。

また，特に小規模市町村にとっては，2002年以降の普通交付税段階補正の改正によって，地方交付税の額が減少し，合併を促進する要因になったといわれている。段階補正係数の改正前においては，人口規模の小さな市町村ほど，その恩恵を受けていたからである。前述のとおり，都市センターの2007年の調査によれば（416の合併市町村が対象）は，合併に至った最も大きな理由は，「財政状況」であった。子細にこれを見れば，最も重要な理由は，「地方分権改革の推進」であり，「財政状況」は，2番目の理由にすぎないというのが正確だと思われるが，いずれにしても，市町村側においては，将来の財政状況に対する危惧があったのである。

---

[17]　全国知事会「「第二期地方分権改革」への提言――日本の改革・再生は地方分権型社会から」2007年7月25日。

日本における「地域主権改革」と地方税財源の充実強化

　地方税財源の充実強化は，今後の地域主権改革の避けて通れない課題であるが，地方分権改革推進委員会の第4次勧告（2009（平成21）年11月9日）は，中長期の課題として，「地方の自己決定・自己責任の体制を支える自治財政権を確立するためには，地方自治体自らが課税権を持つ地方税を充実することが，最も重要である」との認識を示し，「国と地方の税源配分を5：5とすることを今後の改革の当初目標とすることが適当である」とするとともに，「地方税の体系を，税源の偏在性が少なく，税収安定的な構造になるようにすることは，地域の財政力格差を是正するうえでも重要な課題である」とし，「地方消費税の充実を中心とすべきである」とした。

　また，2010（平成22）年6月22日，閣議決定された政府の「地域主権戦略大綱」（前述）においても，「社会保障など地方行政を安定的に運営するための地方消費税の充実など，税源の偏在性が少なく，税収が安定的な地方税体系を構築する。また，地方公共団体が事務事業のみならず税の面でも創意工夫を活かすことができるよう，課税自主権の拡大を図る。ひも付き補助金の一括交付金化を進めるとともに，地方公共団体の厳しい財政状況や地方の疲弊が深刻化していることにかんがみ，地方交付税については，本来の役割である財源調整機能と財源保障機能が適切に発揮されるよう，地方税等と併せ地方の安定的な財政運営に必要となる一般財源の総額の適切な確保を図る」とされた。

　前述のように，政府・与党社会保障改革検討本部は，2011（平成23）年6月30日，「社会保障・税一体改革成案」を決定し，「まずは，2010年代半ばまでに段階的に消費税率（国・地方）を10％まで引き上げ，当面の社会保障改革にかかる安定財源を確保する」としたが，これに先立ち6月13日に開催された，国と地方の協議の場（平成23年度第1回）においては，山田全国知事会長から，地方全体の意見として，「国民視点の不在，国民本位の中から縦割りの無駄をなくして社会保障が提供できるのかという視点が無いまま，国の枠組みだけで財源論を議論することは根本的な過ちだと思っている」

「今の5％というのは，地方も財源を出して，国と地方が協力してつくり上げたもの。それだけに私はこの案は国と地方の協力関係を壊してしまい，社会保障の無駄を残して，この国の将来の財政にも大きな禍根を残すものということを指摘せざるを得」ないとして，当時の集中検討会議の案に反対した[18]。

この結果，「社会保障・税一体改革成案」では，「国民の視点で，地方単独事業を含む社会保障給付の全体像を整理するとともに，地域や個人の多様なニーズに的確に対応できるよう，地方の現場における経験や創意を取り入れ，各種サービスのワンストップ化をはじめ制度の簡素化や質の向上を推進する」とした。また，「地域主権改革の推進および国と地方を通じた社会保障制度の安定財源の確保の観点から，地方消費税を充実するとともに，地方法人課税のあり方を見直すことなどにより，税源の偏在性が小さく，税収が安定的な地方税体系を構築する。また，税制を通じて住民自治を確立するため，現行の地方税制度を『自主的な判断』と『執行の責任』を拡大する方向で改革する」こととされている。

しかし，このような改革が実現する見通しについては，都道府県知事も，市町村長も，さらには地方議会の議員たちも楽観していない。民主党政権の統治能力に対する信頼感が失われているとともに，国自身が大きな債務を負っているからである。その結果，彼らは上述したとおり自身の地方団体の今後の財政状況について大きな危惧を抱いているものと思われる。

3　ドイツの財政調整

州レベルの財政調整

連邦国家であるドイツにおいても，中央政府（連邦政府）と地域政府の間あるいは地域政府（州政府）相互の間で「財政調整」が行われている。すなわち，州相互の間の「水平的財政調整」（州間財政調整）[19]，連邦から州等への

18　内閣官房HP「国と地方の協議の場（平成23年度第1回）における協議の概要に関する報告書」（平成23年7月）（2011.9.8.閲覧）。

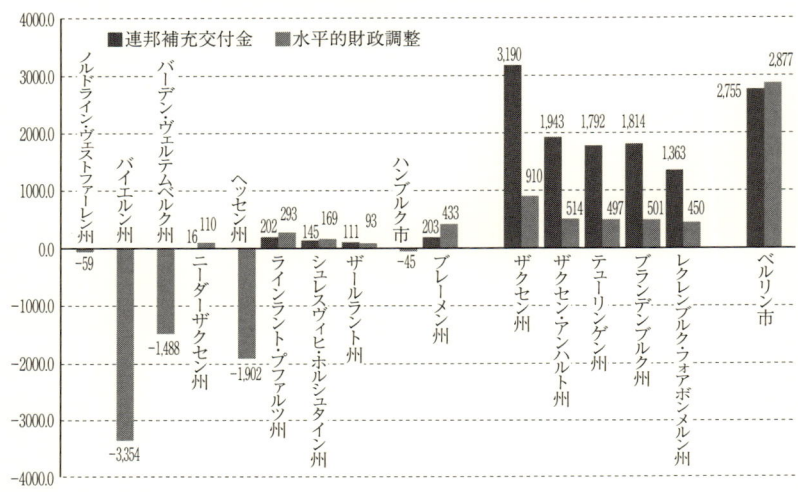

第7章　自治体の財政危機と市町村合併

図7-7　ドイツの垂直的財政調整および水平的財政調整の状況（2009年）

（注）単位は百万ユーロ。
（出典）ドイツ財務省HP「財政基本法に基づく連邦・州財政関係Bund／Länder - Finanzbeziehungen auf der Grundlage der Finanzverfassung」「Die Kassenmäßigen Steuereinnahmen nach Steuerarten 1995bis 2009」により筆者作成。

「垂直的財政調整」（連邦補充交付金等）[20]である。

ドイツの財政制度に特徴的な州間財政調整は，拠出義務を有する州（拠出州）からそれを受ける権利を有する州（受取州）への調整交付金の交付という形で行われる。

拠出義務を有するか，それとも，交付金を受ける権利を有するかは，当該

19　「州間財政調整」では，図7-7にあるように，財政力の強い拠出州のノルドライン・ヴェストファーレン州，バイエルン州，バーデン・ヴュルテムベルク州，ヘッセン州およびハンブルク州から財政力の弱い受取州の東ドイツ諸州等に財政調整金が交付されている（2006年度）。

20　「垂直的財政調整」の一種である「連邦補充交付金（Bundesergänzungszuweisungen, BEZ）」には，各州の収入を全国平均の一定割合まで保障するため，連邦から財政力の弱い州に対して交付される「一般連邦補充交付金」とその他の「特別連邦補充交付金」がある。「財政再建特別連邦補充交付金」は，後者の一種で財政再建のために交付される。

州の課税力測定値が調整測定値を超えるかどうかによって決まる。

課税力測定値は，
① 当該州に帰属する共同税取り分，営業税納付金および一定の州税（相続税，自動車税，ビール税等）の収入
② 当該州内の市町村に帰属する売上税と所得税に対する取り分，不動産税および営業税収の64％（従来50％）

の合計額である。

調整測定値は，16州全体の1人当たりの課税力測定値（平均）に当該州の人口数（補正）を乗じて算出される。人口数の補正は，州分として3都市州に135％，市町村分として3都市州に135％，メクレンブルク・フォアポンメルン州105％，ブランデンブルク州103％，ザクセン・アンハルト州102％が適用される。

受取州は，その課税力測定値が調整測定値を下回る割合に応じて一定の交付金を受け，拠出州は，その課税力測定値が調整測定値を上回る割合に応じて一定の金額の交付金を拠出する。[21]

また，垂直的財政調整である連邦補充交付金は，各州の収入を全国平均の一定割合まで保障するよう，連邦から州に対して，州間財政調整後の課税力測定値と調整交付金の合計額が調整測定値の99.5％以下の財政力の弱い州に対して，その不足額の77.5％が一般連邦補充交付金として交付される。

以上のとおり，ドイツの財政調整制度は，財政需要に配慮した若干の補正はあるが，基本的には，人口1人当たりの州の課税力を基準として財源調整を図るものである。わが国の交付税制度のように，当該団体のあるべき財政需要を算定して財源を完全に保障しようとするものではなく，課税力の格差是正にとどまっているということができよう。

州間財政調整と連邦補充交付金の各州の受取額と拠出額の状況は，図7-7のとおりである。

21　以上，連邦憲法裁判所の違憲判決を受けて改正された新財政調整法（2005年1月1日施行）。

市町村レベルの財政調整

市町村レベルの財政調整制度は，州により異なっているが，多くの場合，共同税の市町村取得分と市町村固有税収（営業税，不動産税等）の合計額を基準とする州からの基本交付金（Schlüsselzuweisungen）によるものである。その基本的な仕組みは，次のとおりである。

> 交付金 ＝ （調整測定値 － 課税力測定値） × 係数
> 調整測定値 ＝ 基礎額 × 補正後人口
> 課税力測定値 ＝ 共同税市町村取得分 ＋ 市町村固有税収

このように，ドイツ各州における市町村レベルの財政調整も，州の場合と同様，人口1人当たりの課税力を基準として行われるものであり，州の場合よりは実際の財政需要に配慮した補正は行われているが，我が国の地方交付税制度のような財源保障を行うものではない。このため，ドイツの市町村においては，所要財源の額から州交付金額を差し引いた額を自らの税（税率は自主的に決定できる）で賄うという財政運営が一般的である。[22]

近年，市町村レベルにおいては，「厳格な牽連性の原則（立法者負担の原則）」が，自治体全国組織の方から要求されるようになり，この結果，すべての州の憲法において，この「厳格な牽連性の原則」が規定されるようになった。この原則は，「注文した者が支払う」といわれる原則であり，ある州が自治体レベルに事務を移譲した場合には，それによって生じた追加的な財政負担について，当該市町村の財政力いかんにかかわりなく，州がこれを調整交付金として負担すべきであるとする原則である。前述のように2010年10月12日の児童育成法に関する判決において，ノルドライン・ウェストファーレン州の憲法裁判所は，2004年以来同州憲法に規定されている牽連性の原則（立法者負担の原則）は尊重されるべきであり，自治体は，児童扶助のための財政調整交付金を受ける権利があるとした。

---

22 自治総合センター「『自立』と『連帯』の地方財政に向けて」（2006年）。

ノルドライン・ウェストファーレン州内の自治体は，この判決を歓迎し，この結果は地方自治にとって大きな勝利であるとしている。この原則は，この児童育成法の場合のように，各州が連邦政府によって決定された事務を安易に自治体に実施させる場合に適用される。各州は，この判決によって，今後は，何を連邦政府と協定したのか十分検討しなければならなくなった。ドイツ都市会議はまた，その「自治体財政のためのドイツ都市会議のベルリン決議」（2010年11月18日）において「自治体の新しい財政負担になるようなことは，もはや，財政調整措置なしには決めることができない」と主張している。

　しかし，この判決が本当に根本的な解決につながるものであるのかどうかは，なお予断を許さない。

　各州レベルの財政調整に関してであるが，報道によれば，2011年1月24日，いくつかの財政調整交付金拠出州は，財政調整受取州が賛成しない場合には，カールスルーエの連邦憲法裁判所に現在の財政調整制度が憲法違反であるとして，違憲訴訟を提起することを決定した。[23]

　私見によれば，これらの問題は，現行制度が単に住民1人当たりの平均税収入に着目して財政調整することによって財政需要を充足することができるとしている点に根本原因がある。というのも，「連邦共和国の域内における生活関係の統一性」（GG106③）は，「規模の経済」の要素を考慮に入れた場合にのみ，はじめてこれを確保することができるからである。

　財政調整交付金を受ける団体の人口が調整交付金を交付する団体よりも小さい場合には，住民1人当たりの平均的な歳入を保障するだけでは十分ではない。なぜならば，財政調整交付金を受ける団体は，そのマイナスの「規模の経済」効果によって，連邦共和国の域内において生活関係の一体性を確保する（基本法第106条第3項第2文）ための住民に対する十分な給付を行うことができないからである。

23　同日付，フランクフルト・アルゲマイネ新聞記事。

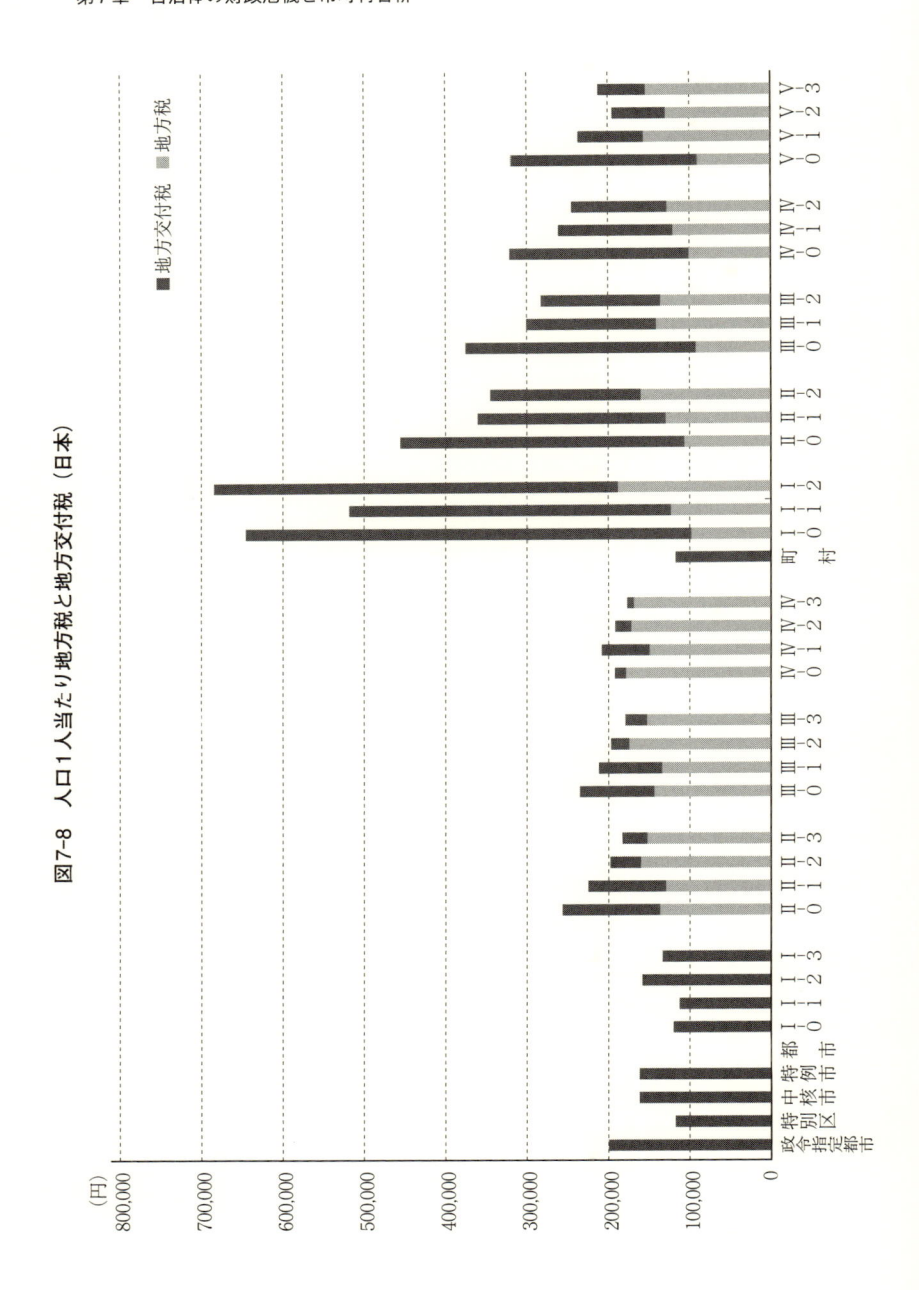

第7章 自治体の財政危機と市町村合併

図7-8 人口1人当たり地方税と地方交付税（日本）

第2節　日本とドイツにおける財政調整システム

図7-8の団体類型区分

ア　都　市

人　口 \ 産業構造	類型	Ⅱ次，Ⅲ次 95％以上		Ⅱ次，Ⅲ次 95％未満	
		Ⅱ次 65％以上	Ⅲ次 65％未満	Ⅲ次 55％以上	Ⅲ次 55％未満
		3	2	1	0
50,000人未満	Ⅰ	Ⅰ-3	Ⅰ-2	Ⅰ-1	Ⅰ-0
50,000人以上～100,000人未満	Ⅱ	Ⅱ-3	Ⅱ-2	Ⅱ-1	Ⅱ-0
100,000人以上～150,000人未満	Ⅲ	Ⅲ-3	Ⅲ-2	Ⅲ-1	Ⅲ-0
150,000人以上	Ⅳ	Ⅳ-3	Ⅳ-2	Ⅳ-1	Ⅳ-0

イ　町　村

人　口 \ 産業構造	類型	Ⅱ次，Ⅲ次 80％以上		Ⅱ次，Ⅲ次 80％未満
		Ⅲ次 55％以上	Ⅲ次 55％未満	
		2	1	0
5,000人未満	Ⅰ	Ⅰ-2	Ⅰ-1	Ⅰ-0
5,000人以上～10,000人未満	Ⅱ	Ⅱ-2	Ⅱ-1	Ⅱ-0
10,000人以上～15,000人未満	Ⅲ	Ⅲ-2	Ⅲ-1	Ⅲ-0
15,000人以上～20,000人未満	Ⅳ	Ⅳ-2	Ⅳ-1	Ⅳ-0
200,000人以上	Ⅴ	Ⅴ-2	Ⅴ-1	Ⅴ-0

（注）　人口および産業構造は，平成17年国勢調査による。また，政令指定都市，特別区，中核市および特例市についてはそれぞれ1類型とし，本表に含まない。
（出典）　総務省HP「平成22年版地方財政白書」「資料編」「第24表　一般財源の人口一人当たり額の状況」により作成。

このようなことから，日本においては，小さな自治体は，人口1人当たり収入の平均の何倍にもあたる収入を地方交付税による財政調整によって受け取っている。小規模な自治体になればなるほど，1人当たり基準財政需要がそれだけ大きく，逆に基準財政収入額は小さくなるからである（図7-8）。

第3節　自治体の財政危機と市町村合併

日本においては，上述のように，市町村長も，さらには地方議会の議員たちも，三位一体改革等の過去における苦い経験もあり，加えて，大きな債務を負っている国の財政再建見通しにも懐疑的であり，自らの自治体の将来的な財政状況について大きな不安・危惧を抱いている。それが，結局，市町村合併へのインセンティブにもなったものと思われる。合併によって，「規模の経済」の原理が働き，財政支出の削減につながると考えるからである。

総務省の合併研究会の推計によれば，1990年から2006年までの間の合併によって，1.8兆円（約167億ユーロ）の財政効果（2016年以降）があったと見積もられている（図7-9。ただし，この推計は，合併して誕生した新しい市町村の支出が同じ人口を有する市町村の平均的な支出額と同じであるということを前提としており，その数字の妥当性，正確性については疑問がある）。

加えて，日本における市町村合併は自主的合併，すなわち強制的でないものであったが，実情は国のキャンペーンと財政的な支援措置によって半強制的に進められたといわれる。すなわち，地方交付税措置として合併によって本来減少するはずの測定単位の数値が，そのまま10年間は認められ，さらにその後の5年間も経過措置が認められた（図7-10,「合併算定替」）。また，同じく10年間，事業費の95％について合併特例債が認められ，その元利償還の70％が地方交付税の基準財政需要額に算入されて財源が保障されることとされた（「合併特例債」）。

ドイツにおいても，厳しい財政状況は日本と同様である。そして，財源確

第3節　自治体の財政危機と市町村合併

図7-9　市町村合併による効率化効果

〔試算の基本的考え方〕
・合併後の歳出基準は、最終的には、概ね現在存在する同様の人口規模の団体（「類似団体」（人口・産業類型別就業者数により分類））に近似した水準に効率化すると想定。
・なお、合併直後は、一時的に経費が増加（システム統合や計画的まちづくり等の経費など）。

〔試算方法〕
・H11年4月～18年3月における合併市町村557団体を対象に試算（参考：(H11.3.31)3,232→(H18.3.31)1,821）。
・合併後の市町村の類似団体の歳出額(H15決算額)と合併前の構成団体の歳出額(H15決算額)の合計とを比較。

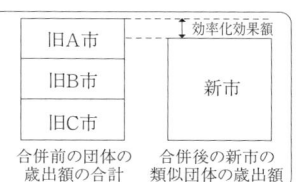

旧A市
旧B市　→　新市
旧C市
効率化効果額
合併前の団体の歳出額の合計　合併後の新市の類似団体の歳出額

⇓

【効率化効果額】
　概ね2016年度（概ね合併後10年）以降において、年間約1.8兆円の効率化（うち人件費：約5,400億円減（職員数相当：約12万7千人減））。

（出典）　総務省HP「広域行政・市町村合併」「市町村合併資料集」「合併研究会」「平成17年度研究会～平成18年度研究会」「報道発表資料（概要・研究会メンバー・開催経緯等）（PDF）」平成18年5月10日）による。

図7-10　旧「合併算定替」

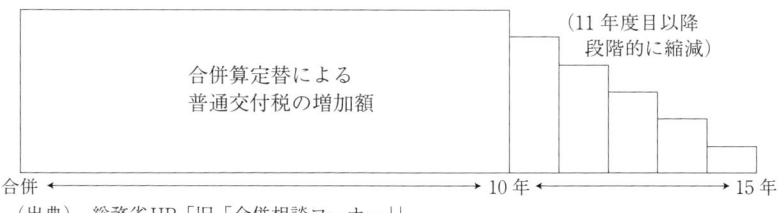

合併算定替による普通交付税の増加額

（11年度目以降段階的に縮減）

合併　　　　　　　　　　　10年　　　　　　15年

（出典）　総務省HP「旧「合併相談コーナー」」。

第7章　自治体の財政危機と市町村合併

保のための牽連性の原則（立法者負担の原則）は，すべての州の憲法において明記されるようになっている。これは，「注文した者が支払う」原則とよくいわれているように，原因者である者が費用を負担すべきとする原則である。しかし，実際には，上述のとおり，自治体側から（特に，地方自治体全国連合[24]（Spitzenverbände）を通じて），「厳格な牽連性の原則」の適用が強く要求されている。すなわち，この原則が現実には100％適用されていないことを示している。

しかし，ドイツにおいては，これらの財政問題を直接，自治体の合併によって解決しようとする考えにはつながっていないように思われる。また，財政制度を管轄する州による今後の改革に対する自治体の期待は，なお失われていないような印象を受ける。ドイツにおいては，自治体の地域改革の問題というよりは，本来の財政調整システムの改革に論議が集中している状況にあるといえよう。

以上の結果，この問題に関しても，日本における自治体合併へのベクトルの方が，ドイツより強いと考えられる。

24　連邦と州に対して地方自治体側の利益を代表し，あわせて会員にインフォメーションとアドバイスを与え，それぞれの経験を相互に交換する組織であり，ドイツ都市会議，ドイツ都市・町村連盟および郡会議がある。

第8章
自治体地域改革に対する抑制要因としてのベクトル

第1節　市民に近接した民主主義

1　日本における市民に近接した民主主義

近隣自治組織

　前述したように，仮に，市町村合併によってその政治が，市民から遠く離れることとなるものであるならば，民主主義の観点からそのような市町村合併に反対するベクトルは強くなるであろう。

　市民に近接した民主主義という点では，近隣自治組織が重要である。日本には，12万を超える「自治会」，「町内会」等が存在するが，これらの住民組織は，日本における地方自治の歴史において，国と市町村の一元的な関係構造に組み込まれ，市町村を補完する地位を有してきた[1]。そして，税の徴収，道路・水路の維持管理等の役割を担ったが[2]，最近においては，このような伝統的役割は，田舎の地域においても減少している[3]。

---

[1] 室井（2002）p.243。
[2] Kisa（2005）p.47；同上。

また,「自治会」,「町内会」等の中には,その非民主主義的な意思決定方法の故に批判されているものもある。というのも,しばしば,これらが個人主義の原理ではなく,家族原理の上に立って定められているからである。[4]いずれにしても,日本においてはこれまで,市町村の内部に法的根拠を有する民主主義的な自治組織は存在していなかった。

　このため,第27次地方制度調査会は,2003年11月13日の「今後の地方制度の在り方に関する勧告」において,基礎自治体によってその地域内に地域自治組織を創設すべきことを提言した。その目的とされたのは,住民自治を強化し,相互の協力によって地域の潜在能力を発揮させることであった。

　この勧告に基づき,2004年5月26日,地方自治法が改正され,新しい地域自治組織が創設された。すなわち,市町村合併を促進するとともに住民に身近な自治組織を創設するため,「地域自治区」がその「地域協議会」とともに,市町村の条例により設立されるべきこととされた。地域協議会のメンバーは,地区の住民から選挙されるのではなく,市町村長から任命される（第202条第4項等,図8-1）。

　しかしながら,現在までのところ,これら地域自治区の設立は,少数にとどまっている（表8-1）。むしろ,これらの組織は単に市町村合併を促進するために利用されただけであり,将来的には消滅するのではないかと批判されているような状況である。[5]

3　同上。
4　室井（2002）p.243。
5　今井（2008）p.267。

第1節　市民に近接した民主主義

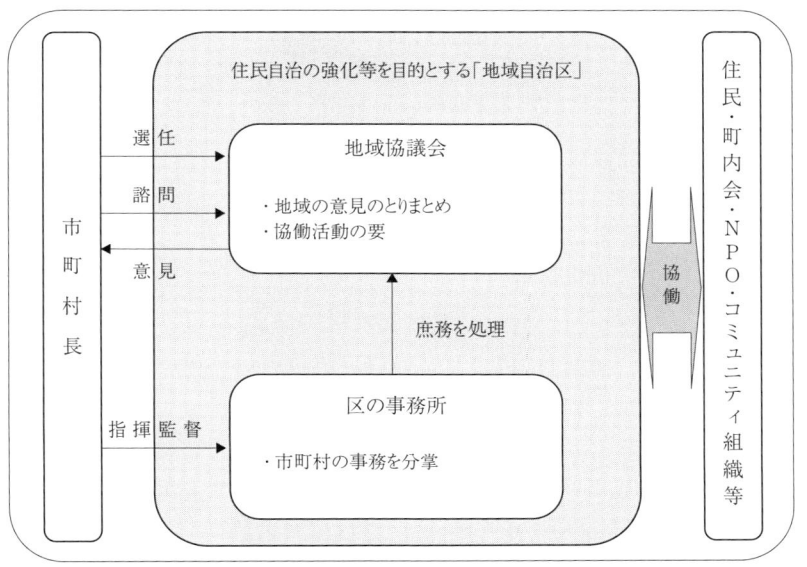

図8-1　地域自治区・合併特例区制度のイメージ

```
┌─────┐  ┌──住民自治の強化等を目的とする「地域自治区」──┐  ┌─────┐
│     │  │    ┌──────────────┐              │  │住     │
│     │選任│    │    地域協議会       │              │  │民     │
│     │──→│    │                      │              │  │・     │
│     │諮問│    │・地域の意見のとりまとめ│              │  │町     │
│ 市  │──→│    │・協働活動の要       │              │  │内     │
│ 町  │意見│    └──────────────┘              │  │会     │
│ 村  │←──│              ↑                       │←協働→│・     │
│ 長  │    │          庶務を処理                   │  │NPO  │
│     │    │    ┌──────────────┐              │  │・コ   │
│     │指揮監督│    │    区の事務所       │              │  │ミュ   │
│     │──→│    │                      │              │  │ニティ │
│     │    │    │・市町村の事務を分掌    │              │  │組織   │
│     │    │    └──────────────┘              │  │等     │
└─────┘  └──────────────────────────┘  └─────┘
```

（注）　合併時の特例として，次の2つが規定されている（「市町村の合併の特例に関する法律および市町村の合併の特例等に関する法律」）。
1　旧市町村単位で設けられる「地域自治区」（法人格を有しない）
・特別職の区長を置くことができる。
・住所の表示にはその名称を冠する（「〇〇区」のほか，「〇〇町」「〇〇村」と称することも可能である）。
2　「合併特例区」（法人格を有する）
・旧市町村単位で，一定期間（5年以下）設置できる。
・特別職の区長が置かれる。
・住所の表示にはその名称を冠する（「〇〇区」のほか，「〇〇町」「〇〇村」と称することも可能である）。
（出典）　総務省HP資料による。

表8-1　地域審議会・地域自治区・合併特例区の設置状況（2011年4月1日現在）

地域審議会	205団体（752審議会）
地域自治区（一般制度）	17団体（154審議会）
地域自治区（合併特例）	32団体（76自治区）
合併特例区	3団体（6特例区）

（注）　地域審議会は2000年に導入。その他は2009年に導入。なお，1999年3月31日から2010年3月31日までの市町村合併数は642件。
（出典）　総務省HP「広域行政・市町村合併」「市町村合併資料集」「地域自治組織（地域自治区・合併特例区）」「全国の設置状況（2012年4月1日現在）」。

自治基本条例

　次に，自治基本条例は，地方自治体の自治の理念とその実現のための制度を定めた条例であり，住民が地方自治体の政策や行財政運営に参画する権利とその具体的な手続きを規定している。2000（平成12）年12月，北海道ニセコ町で，全国初となる自治基本条例（「ニセコ町まちづくり基本条例」）が制定されて以来，自治基本条例の制定に取り組む地方公共団体が増えている。

　その背景としては，地方分権の進展があげられる。2000年の地方分権一括法の制定によって機関委任事務が廃止され，自治体が自主的，主体的に行政運営を行うこととされた。こうした変化に対応して，住民の意思を的確に反映した行政運営を行うために自治運営の基本となる条例が必要との考えが広がったためである。

　自治基本条例は，住民に対する直接的な行政サービスを担っている市町村において制定される例がほとんどであるが，都道府県でも，北海道が2002（平成14）年に「行政基本条例」を（同年10月18日公布，施行），また，神奈川県が2009（平成21）年に本格的な自治基本条例を制定した（同年3月27日公布，施行）。

　自治基本条例の内容としては，

第1節 市民に近接した民主主義

> ① 自治の基本理念やビジョン
> ② 自治の実現にとって重要な住民の権利や責務
> ③ まちづくりのための制度や仕組み
> ④ 行政・議会の組織・運営・活動に関する基本的事項
> ⑤ 自治体の最高規範として，他の条例や計画などの立法指針・解釈指針となること

等が定められている。

特に，まちづくりへの参加の推進，コミュニティーの育成，計画過程への町民の参加，情報明示等住民自治的な要素を強調する点に特色があり，「住民の関与の度合いを高め，地域社会の民意が自治体の行財政運営に反映する」取組として「地域主権」の理念に沿ったものということができる。

このように，地域からの民主主義の動きは，日本においても，近年見られるところであるが，現状においては，なお，全体的な動きとはなっていないということができよう。

2 ドイツにおける市民に近接した民主主義

通常，ドイツにおいては，いわゆる市町村下位区分（Untergliederung。都市ベチルク（Bezirk）または地区（Ort）。以下「地区」という）がその地域協議会とともに存在している（各州における名称，設定場所，組織，任務については，森川（2005）137頁に詳しい表があるので，これを参照されたい）。地域協議会のメンバーは，当該地区の住民によって直接選挙される。このような地区制度によって，市民の近接性が確保され，役所に対する接近手段が改善され，

---

6 阿部（2009）p.86。
7 森川は，「都市ベチルク」は特別市に関するもの，「地区」は郡所属市町村に関するものであるとし，両者を合わせて「都市ベチルク（地区)」という言葉を使用している。森川（2005）p.130参照。

第8章 自治体地域改革に対する抑制要因としてのベクトル

行政が市民の身近なところで行われるようになる。地区のレベルにおいては，自治体の仕事が市民にとって見通しのきくものとなり，その意思決定への市民の参画はより容易になる。

例えば，ブランデンブルク州の市町村改革においては，新しい地区基本法により，市町村の自治権だけでなく，地区の権利も強化するような制度改正が行われた。特に地区の「ヒアリングを受け，提案し，決定する権利」が充実強化されるとともに，新しく設立される地区は，「その代表者として，地区長を選ぶのか，地区協議会を選ぶのか」を選択することもできるようになった。[8]

さらに，地区は，村のアイデンティティーを保持することに貢献し，当該地域の発展に対して一定の範囲内で関与することができるようになったのである。[9]

森川（2005）は，ノールトライン，ヴェストファーレン州における都市ベチルク制度の歴史を紹介しているが，これによれば，同州においては，1960年代，1970年代の市町村地域改革が終焉を迎えるとともに，行政地域は「見渡せる生活空間（üeberschaubare Lebensräume）」であるべきとする要求が高まり，「市民に身近な政治」があらためて重視されるようになった。[10] まず，特別市（非郡所属市町村）にベチルク代表機関が設けられるようになり，続いて，1960年代末の市町村地域改革により地区制度が郡所属市町村にまで拡大され，1969年の市町村法の改正よって法的に初めて地区責任者（bezirksvorsteher）の制度が定められた。[11]

さらに森川（2005）によれば，ブランデンブルク州では，地区制度は150人ないし200人以上の人口を持つことを条件とするため，合併前の町村をもって地区とする場合が多い。単一自治体でも，合併したアムト構成自治体で

---

8 Büchner/Franzke（2009）p.76.
9 同上，p.28。
10 森川（2005）p.131。
11 同上。

も，地区ごとに名誉職の地区長や地区顧問（Ortsbeirat）を選出する。地区にはそれぞれ地区に関する一定の予算権と決定権が与えられる。従来の市町村のアイデンティティーや農村的生活の維持に役立つといわれ，州当局はこの制度を高く評価しているとのことである。[12]

　また，同州内務省は，自主合併を進める小冊子の中で，「自治体は村落共同体（ムラ）ではない。教会はムラにとどまり，ムラや地区には地区代表がいて彼らはその中で大いに活躍すべきである」「役場の職員数については人口1,000人につき職員3人が経済的に合理的な措置であり，専門的任務を行う役場には約20人の職員が必要である」「アムトの構成自治体数が少ないほど，町村住民に対するサービスの供給は高まる」「自治体の規模拡大によって『市民近接性』が崩れるというが，市民の政治参加は市町村の規模とは関係なく，町村合併によって地元消防団への自由意思による加入者が減少しているわけではない」「小規模村では自治体の民主的運営に支障が起る」「単一自治体では役場で議案がつくられ，決定が速い」「地区代表は単一自治体の議会投票権こそ持たないが，地区予算を取得することによって地区の権利は維持される」等と主張しているとのことである。[13]

3　小　　括

　前述の真渕（1998）の研究では，日本においては，合併が「市町村の民主化にかなり肯定的なインパクトを与え」たり，あるいは少なくとも「民主主義にとって中立」であることを示しているとした。[14] そして，その理由として①1954年に合併した京都府亀岡市をはじめ，合併後の議会では農業出身議員が減少したこと，②1963年の衆議院選挙の結果から合併市町村における選挙の投票率がわずかに上がったこと，③革新市長の多くが人口10万人以

12　同上，p.176。
13　同上，pp.178-179。
14　真渕（1998）p.72。

第8章　自治体地域改革に対する抑制要因としてのベクトル

下の合併後の新生都市から出現したことを掲げた[15]。

　しかしながら，私見によれば，市町村合併が民主主義によい結果をもたらすというのは，あまりにもナイーブなものではなかろうか。というのも，1つには，選挙の投票率に影響を及ぼす要因は，市町村合併以外にも存在する。投票率の向上が市町村合併以外の要因によるものでないことも，証明しなければならない。市町村の合併と選挙の投票率との間の相関関係だけでなく，これ以外の要素も含めた総体としての因果関係を論証することが必要である。2つ目には，選挙の投票率の程度でのみ民主主義の度合いを評価することは，あまりにも素朴な考え方であろう。問題は，住民が民主主義をどのように理解しているのか，どれだけ民主主義的に物事を考え，行動しているのかということである。真渕も指摘するように，「高い投票率が常に高い民主化の程度を意味するわけではない」[16]。例えば，日本の農村部においては，選挙の投票率が都市部よりも高いことがしばしばみられるのであるが，これによって農村部の住民がより民主主義的であるといえるのか，という問題である。

　そのようなことから言えば，やはり合併によって，住民と役所の距離が物理的にも精神的にも遠くなること，議員の数がいずれ減少させられること，住民の意思の実現が大きくなった組織の中でより一層困難となることなどを考えれば，合併によって民主主義を阻害する要素は，かなり強いものと考えられ，また一般住民や諸アクターによってそのように受け止められているのではなかろうか。

　いずれにしても，日本においては，「いかにすれば，政治的に成熟した市民をつくることができるのか」あるいは「いかなる条件下において，政治的に成熟した市民が育つのか」という問題提起がしばしばなされる。このように，市民に近接した民主主義の実現は，日本においては，今後の課題であり，住民や政治アクターの間に，これに対する認識が高いとはいえない状況である。町内会，自治会等の住民による近隣組織も，その活性化と民主化がなお

15　同上書 pp.69-72。
16　同上書 p.69。

課題であり、住民自治の強化を目的とする自治基本条例も、制定の動きが広まっているとはいえ、全体的に浸透している状況とはいいがたい。

これに対して、ドイツにおいては、地区協議会制度をはじめ、市民に近接した民主主義が日本よりは相当強固であり、現実にも活発に機能しているように見受けられる。そうだとすれば、ドイツにおいては、政治の中心が市民から遠く離れることとなる市町村合併に対して、これを抑制するベクトルは日本より強いと評価できよう。

第2節　名誉職原理

1　日本における名誉職原理

戦前は、日本においても、府県制、郡制および市制町村制により議会の議員は名誉職と位置づけられていた[17]。しかしながら、戦後、そのような規定は

表8-2　地方議会議員の定数と報酬（日本）

		月　額				日　額 （町村）	合　計
		都道府県	政令指定都市	市	町村		
定数	議　長	47	18	765	993	1	1,824
	副議長	47	18	765	993	1	1,824
	議　員	2,695	1,118	18,441	11,415	8	33,677
	計	2,789	1,154	19,971	13,401	10	37,325
給料又は報酬 1人当たり	議　長	958,634	1,004,889	492,434	287,058	30,000	
	副議長	861,294	902,528	435,112	232,131	30,000	
	議　員	795,713	824,222	405,228	210,797	30,000	
	計	799,564	828,261	409,713	218,029	30,000	

(注)　単位は、定数については人、1人当たり給料又は報酬については円。
(出典)　総務省HP「平成22年　地方公務員給与の実態」「平成22年4月1日地方公務員給与実態調査結果」「第2　統計表Ⅱ　特別職関係　第10表（PDF）」により作成。

第8章　自治体地域改革に対する抑制要因としてのベクトル

新しい地方自治法に引き継がれなかった[18]。それ以来，地方議会議員は，いずれのレベルにおいても，一定の報酬を得ている（表8-2）。すなわち，都道府県議会および市町村議会の議員は，一般的には，専門職として位置付けられ，比較的高額の報酬を得ているのである。これらの議会は，通常は，日中に開催され，ドイツの市町村議会のように夜に開かれるものではない。

　表8-2において，唯一，1日3万円の日額制を採用しているのは，「合併しない宣言」（2001年10月31日）で有名な福島県矢祭町である。2007年12月28日の臨時議会で，可決，翌年の2008年3月31日から施行された。それまでの矢祭町議会議員の報酬月額は20万8000円で期末手当（ボーナス）を含めると年額約329万円となっていたが，勤務実態は定例会や臨時議会と公式行事など年間30日なので，日額制導入後の報酬は年額約90万円になるとのことである[19]。

2　ドイツにおける名誉職原理

　ドイツ基本法第28条第2項は，州，郡および市町村の住民は「民主主義的に選ばれた代表者」を持たなければならないと規定している。住民の参加によって，行政官僚が力を持ち過ぎることが防止され，市民に近い行政が保証されると考えられているのである。実際においては，この原則は，特に，市民を名誉職に任命することに現れている[20]。地方自治におけるこの名誉職原理は，その起源をシュタイン・ハルデンベルク改革にさかのぼるものである。その目的は，市民の参加を呼び起こし，共同体の目的に役立てようとするものであった。

　このように，ドイツの地方自治体議員は名誉職的性格を有しているが，こ

17　府県制第5条，市制町村制第16条。
18　加藤（2006）p.174。
19　毎日新聞，2007年12月29日朝刊。
20　Reiser（2003）p.23.

の故に，地方自治体議員は，選挙民に対しても，専門的な行政当局に対しても，独立性を保持することができると考えられている。議員は，その議員としての活動から何ら直接的な経済的利益をひき出せるものではない。それどころか，むしろ議員は，その地位の故に多くの出費と負担を強いられるぐらいである。名誉職原理は，また，素人の公的行政への参加を保証するものである。これによって行政をより高度化するのかもしれないが必ずしも市民を満足させることにはならない行政の専門化に一定の歯止めがかけられることになると考えられているのである[21]。

名誉職原理は，今日においても，依然として維持されている[22]。ドイツの地方自治体レベルにおいては，議会は名誉職議員により夜，開催されるのが普通である。

また，各州の市町村法および郡法には，議員以外の名誉職についての規定があり，市民が名誉職の活動に従事すべきことを義務付けている。市町村と郡の議会における議員の地位は，義務的なものではないので，このような狭義の名誉職には該当しないとされている（広い意味における名誉職には該当するが）。いずれにしても，ドイツでは，11,000を超える市町村と301の郡においては，約20万人の市民が名誉職的な活動に従事している[23]のである。

テスマンによれば，次に述べるメクレンブルク・フォアポンメルン州憲法裁判所の判決によっても，郡の合併によってその議会の名誉職議員は，あまり大きな負担を受けることにはならなかったとされるとともに，そのほか，最近の実証的な研究による郡の大きさと名誉職的な市民参加との関係性も確認されていない[24]。

21　片木（2003）pp.221-222。
22　Ipsen（2009）.
23　Pohl（2011）p.1.
24　Tessmann（2010）p.211.

第8章　自治体地域改革に対する抑制要因としてのベクトル

図8-2　メクレンブルク・フォアポンメルン州における新しい郡構造

（資料）　メクレンブルク・フォアポンメルン州法案付属資料。
（出典）　Tessmann（2010）p.211.

3　メクレンブルク・フォアポンメルン州憲法裁判所の郡合併違憲判決（2007年）

　2007年7月26日，メクレンブルク・フォアポンメルン州の州憲法裁判所は，約3,200km²から約7,000km²の面積を有する5つのいわゆる「リージョン郡」についての決定を下した。その直接的な理由は手続上の瑕疵であったが，同時にまた，憲法上地方自治を保障された「市町村組合」に該当する郡は，郡議会およびその委員会における名誉職議員の活動が持続的にかつ意欲を持って遂行できるような広さを越えてはならないとされた。自治行政の強化のためには，その代表者の選挙の際できるだけ多くの社会的なグループの意思が郡議会とその委員会に反映されるように，制度設計されなければならないと

されたのである。

　これを受けて，2007年11月末，州政府は，あらためて郡の改革要綱を決定し，その中で，将来的な郡の地域構造の決定のための基本原則を示した。すなわち，郡の面積は，4,000km²を超えてはならず，その人口は，175,000人をできるだけ下回らないようにしなければならないというものであった。大都市であるロストック市とシュベリーン市は，その行政能力のゆえに，引き続き特別市（非郡所属市）にとどまることができた。2009年2月には，州政府は，従来の12の郡と6つの特別市を，6つの郡と2つの特別市に再編する法案を決定した。2010年4月7日，州議会はこの法案を可決し，2011年1月1日から施行されている。

4　小　　括

　日本の地方自治制度には，住民の義務としての名誉職という考え方はない。ただ，ここ数年，市民参加ということは強調されてきた。特に，平成の大合併と第1期地方分権改革を経て，「新しい公共」や新市町村の統合等のための市民参加が期待されるようになっている。しかし，これを市町村の規模と関連付ける議論は少ない。

　これに対して，ドイツにおいては，自治体の名誉職原理は，憲法において規定され，メクレンブルク・フォアポンメルン州の州憲法裁判所の判決に見られるように，自治体の合併の可否を決定するまでの大きな機能を果たしている。

　この点から，ドイツにおける市町村合併に反対するベクトルは，日本におけるそれよりも強いといえよう。

第3節　地域アイデンティティー

1　日本における地域アイデンティティー

　広井によれば，明治維新の直後には，日本には，全国で18万の神社があり，当時の地域共同体（自然村）の中心であった。市町村と同様，それらは，その後統合されて現在においては約8万となっている[25]。つまり，このような神社を中心とする地域コミュニティーも順次集約・統合されていき，戦後の急速な都市への人口移動，共同体の解体等の動きの中で，その存在は人々の意識の中心からはずれていったのである[26]。

　内閣府の地域のきずなに対する「国民選好調査」によれば，11.4％は「弱くなっている」，19.5％は「やや弱くなっている」と答えている。これに対して，「強くなっている」とするのは1.7％のみであり，「やや強くなっている」とする5.3％とあわせても7.0％である[27]（図8-3）。

　ライアーは，日本において，合併の反対論者たちは「合併するとアイデンティティーが失われる」と批判したが，佐賀県の有田市と西有田町の合併のケーススタディーによって，アイデンティティーは合併交渉の際の周辺問題にすぎず，合併に対して大きな役割を演じなかったことを明らかにした[28]。そして，それにもかかわらず，両町当局によって，両町とその住民の類似性を強調することにより共通のアイデンティティーを作りだすための手段が採られたと指摘した。その上で，将来，新町のコーポレイト・アイデンティティ

25　広井（2009）pp.67, 78.
26　同上。
27　総務省消防庁HP「災害対応能力の維持向上のための地域コミュニティのあり方に関する検討会報告書」（2009年3月，消防庁国民保護・防災部 防災課）。
28　Reiher（2011）p.163.

第3節　地域アイデンティティー

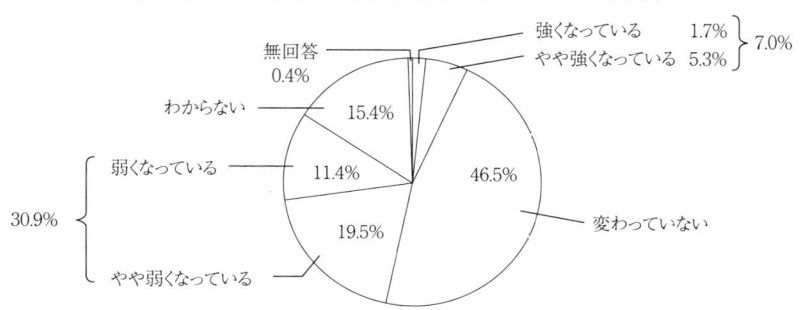

図8-3　10年前と比較した地域のつながりの強さ（日本）

- 強くなっている 1.7%
- やや強くなっている 5.3%
 （計 7.0%）
- 変わっていない 46.5%
- やや弱くなっている 19.5%
- 弱くなっている 11.4%
 （計 30.9%）
- わからない 15.4%
- 無回答 0.4%

（注）　回答者は，全国の15歳以上80歳未満の男女3,383人。
（出典）　総務省消防庁HP「災害対応能力の維持向上のための地域コミュニティのあり方に関する検討会報告書」（2009年3月，消防庁国民保護・防災部 防災課）。

ーが確立していくかについては，現時点では明らかでないとし，2008年初頭の段階では，住民たちは一方は陶磁器産業が，他方は農業が主であるという両町の違いを強調していると報告している[29]。また，当時の自治省による「合併のための基本方針」においても，行政が地域の課題に住民の参加あるいは住民共同によって取り組むシステムができれば，住民のつながり（一体感）に基礎を置く地域共同体を建設することができるとしている[30]。つまり，地域アイデンティティーをその程度のものとしてとらえており，歴史と伝統に根ざした強固なものとの認識はないということである。

さらに，2008年6月の総務省・市町村の合併に関する研究会の報告書『「平成の合併」の評価・検証・分析』によれば，合併により市町村の規模が大きくなることによって住民の声が届きにくくなるという懸念に対処するため，多くの合併市町村において，地域自治組織としての地域審議会，地域自治区および合併特例区を活用することなどによりコミュニティー対策に力を入れることとしているとのことである。また，自治会，町内会などの既存

29　同上。
30　自治省「市町村の合併の推進についての指針」（1999年8月6日），「市町村合併と地域社会との関係」。

第8章　自治体地域改革に対する抑制要因としてのベクトル

の地域組織に対する支援を6割強の合併市町村で行っているほか，新たなコミュニティー組織等を設置した合併市町村も2割弱あるとしている[31]。そして，「合併を契機に，地域自治組織等の仕組みを活用し，また，合併市町村からの支援も受けながら，住民が自ら地域活動を主体的に行うようになった事例も多く見られているところであり，合併が従来の行政依存型コミュニティーから本来あるべき住民自立的コミュニティーへの変化の契機となった面もあると考えられる」と評価している。

しかし，前述のように，地域自治区や合併特例区の設置は少なく，それらの取り組みが活発であるようには思えない。むしろ，日本の現状においては，地域自治組織等の活用は，今後の大きな課題であり，地域のつながりやアイデンティティーの確立も，今回の合併ではそれほど大きな役割を演じておらず，今後の課題にとどまっているものと思われる。

2　ドイツにおける地域アイデンティティー

今日，ドイツにおいても，人々が教会を訪れる機会はそれほど多くないが，にもかかわらず，住民のつながりにとって，キリスト教の果たしている役割は重要である[32]。また，1990年代の旧東ドイツ地域における地域改革においては，自治体の行政能力の向上が目指されたが，同時に，大きくなった市町村に対してできるだけ住民参加が促進されるような条件を整えることも課題になった[33]。このため，市町村のアイデンティティーが重要視され，地区基本法も制定された[34]。地区については，第1節（「市民に近接した民主主義」）においても，述べたところである。

31　同報告「Ⅱ　合併の効果，課題等について」「3　合併の住民生活への影響等について」「(4)　コミュニティへの影響について」。
32　日本政策投資銀行（1999）。
33　Franzke（2002）p.76.
34　同上。

3 小　括

　日本におけるよりも，ドイツにおける方が，「地域アイデンティティー」の持つ意味がより大きいように思われる。したがって，ドイツにおいては，市町村合併に反対するベクトルは日本よりも強いといえよう。

　しかしながら，この現象については他の説明も可能である。というのは，地域アイデンティティーは，しばしば単なる名前，歴史あるいは言語のみを意味し，政治家が「地域アイデンティティー」を市町村合併に反対する口実にしているにすぎないかもしれないからである。

　これに対する正確な回答を得るためには，なおさらに詳細な科学的調査を必要とする。ここでは，とりあえず，ドイツの方が「地域アイデンティティー」が強く，したがって，市町合併に対して抑制的なベクトルがより強いものと考えておきたい。

第4節　郡，アムト等の補完機能

1　日本における補完機能

　前述したように，日本においてもかつては郡制度が存在したが，第二次世界大戦前に完全に廃止された。すなわち，1890（明治23）年に当時のドイツをモデルとして導入された郡制度（「郡制」）は，1923（大正12）年には，地方自治体としては廃止されたのである。廃止の理由は，郡が自治体としての大きな役割をもはや果たさなくなっていたこと，郡の住民の自治意識が低かったことならびに郡を廃止することにより，市町村の強化が期待することができたことであった。ドイツの郡の数が301であるのに対して，日本の都道府県の数は47であることから考えても，住民に近い市町村の行政サービス

についての補完機能をドイツにおける郡のように果たすためには，日本の都道府県はやや大きすぎるといえる。

加えて，日本においては，一定の事務に対する広域連合等を除き，ドイツのようなアムト，組合市町村等の自立性の比較的高い広域行政組織もない。

2　ドイツにおける補完機能

ドイツの郡

上述のように，ドイツには，301の郡が存在し，小規模市町村を支えている。

一市町村の行政能力または財政能力を超える公的事務あるいは上位のレベルで実施した方が効率的な公的事務は，市町村連合組織によって実施されるが，中でも，特に重要なのがこの郡（Landkreis, Kreis）である。[36]

郡には，市町村と同様，連邦基本法第28条第2項および各州憲法によって地方自治が保障されている。[37] 郡の事務は，市町村と同様，一般に，任意的または義務的自治事務，指示による義務事務，委任事務の区別があるが，州によって相当に異なっている。

郡の任意的事務は，さらに市町村の区域を越える事務（広域事務。例，特別の学校），補完事務（例，郡図書館）および調整事務に分類される。広域事務が郡の専属的権限に属するのに対して，補完事務は，補完性原則によって範囲が限られる。即ち，郡は，市町村の能力を超える場合または事務の統一的実施が必要な場合にのみ，当該事務を実施することができる。調整事務は，住民に対する行政水準を平等なものとし，生活関係の統一を目指す事務である。[38]

35　井川（2010）p.14。
36　片木（2003）p.235。
37　Tessmann（2010）p.46.
38　片木（2003）p.235。

第4節 郡，アムト等の補完機能

表8-3 各州の郡数と1郡あたり郡所属市町村数

州　名	郡 A	郡所属市町村 B	1郡あたり郡所属市町村数　B/A
バーデン・ヴュルテムベルク州	35	1,093	31.2
バイエルン州	71	2,031	28.6
ブランデンブルク州	14	415	29.6
ヘッセン州	21	421	20.0
メクレンブルク・フォアポンメルン州	12	808	67.3
ニーダーザクセン州	38	1,016	26.7
ノルドライン・ヴェストファーレン州	31	374	12.1
ラインラント・プファルツ州	24	2,294	95.6
ザールラント州	6	52	8.7
ザクセン州	10	482	48.2
ザクセン・アンハルト州	11	297	27.0
シュレスヴィヒ・ホルシュタイン州	11	1,112	101.1
チューリンゲン州	17	936	55.1
平　均	301	11,331	37.6

（出典）　表2-3により筆者作成。

　郡の内郡組織は，市町村の場合と似たものであるが，地方自治体としての郡の最高機関は，郡議会（Kriatag），郡行政を担当する郡長（Landrat, Oberkreisdirektor）が設けられている[39]。

　郡の役所は，2つの顔を持つ。すなわち，1つは，純粋に自治体としての事務に責任を有する側面であり，他の1つは，州の行政機関として働く側面である。各州の郡法によって，上述のように，郡は，広域的な事務を遂行する権限を有している。例えば，郡道の建設および郡立病院，ごみの収集，防災，生涯学習および経済振興である。

　このほか郡はその区域内において，調整機能と補完機能を有している。財

39　ドイツ郡会議（Deutscher Landkreistag）HP「DLT-Portrait＞Aufgaben der Kreise」（2012.1.10.閲覧）。

政交付金によって，小規模な財政力の弱い市町村の事業が支援される（調整機能）。その他，郡はその属する市町村のために様々な補完事務を実施している。このような，調整機能と補完機能を通じて，郡は，その住民に対して，大きな都市に居住する住民と同様な行政サービスの提供を保障しているのである[40]。

調整機能を発揮するにあたっては，郡は，市町村や赤十字あるいはボランティア団体等に対して財政援助を行う。例えば，基礎学校，基幹学校および実科学校，消防，幼稚園の建設および管理，スポーツ施設，市町村道の建設あるいは文化的記念物の保持，博物館，老人施設，体育館，スポーツセンター，上水道である。連邦および各州は，その国家的事務（州の事務）の遂行のために，郡に対して，指示する権限を有している。このような郡の国家的事務の執行は，郡長の権限である。例えば，建設および営業監督，負担調整あるいは自動車関係事務がある。いくつかの州においては，郡の行政の中の下級国家行政官庁は，引き続き，独立して活動しているが，他の州においては，それらは，郡行政に完全に属している。いずれにしても，このような事務の場合には，責任は，主要行政官僚に属している[41]。

西ドイツの各州においては，すでに，60年代あるいは70年代に，郡を含む自治体合併が行われた。1993年から1995年にかけては，東ドイツの各州においても，郡の地域改革が進められた。これらの改革は，全ドイツにおいて行政能力のある郡を創設しただけでなく，いまだにいくつかの州において存在していた州の特別官庁，例えば，水経済庁，道路建設庁あるいは学校事務所をますます不要なものとした[42]。これらの州においては州レベルおよび郡レベルにおける州の特別官庁を，できるだけ郡に編入しようとした。これによって，行政の透明性を確保し，官庁間の摩擦を回避し，公共の福祉を実現

---

40 ドイツ郡会議（Deutscher Landkreistag）HP「DLT-Portrait＞Aufgaben der Kreise」（2012.1.10.閲覧）。
41 同上。
42 同上。

第4節　郡，アムト等の補完機能

しようとしたのである。さらに，ドイツには，郡のほかに，上述のようなアムト，連合市町村等があり，市町村行政の補完機能を果たしている。これら，各州における市町村連合等の組織については，森川（2008）に詳しいまとめがあるので，そちらを参照されたい（同書p.151）。

市町村小連合とアムト

　郡より狭い区域内の市町付で構成されている市町村連合組織を市町村小連合（engere Gemeindeverbänd）といい，郡より区域の広いそれを市町村大連合（höhere Gemeindeverbände）という。市町村小連合には，行政共同体（Verwaltungsgemeinschaft，バーデン・ヴュルテムベルク州，バイエルン州等），統合市町村（Samtgemeinde，ニーダーザクセン州），連合市町村（Verbandsgemeinde，ラインラント・プファルツ州）およびアムト（Amt，シュレスヴィヒ・ホルシュタイン州，ブランデンブルク州およびメクレンブルク・フォアポンメルン州）等がある。これらの市町村小連合は，構成市町村がその行政事務を遂行するのを援助し，多くの職員を必要とする事務の負担を軽減し，個々の市町村または州より委任された事務を自ら実施する。[43]

　通常，これらは5～10の市町村で構成される。その執行及び意思決定機関は連合議会であり，それは通常，所属市町村の首長からなり，この中から選出された議長が対外的に市町村小連合を代表する。市町村小連合は，基本法第28条に基づく自治組織である（ブランデンブルク州のアムトは自治体ではなく，自治権はあくまでも所属市町村のみが有する）。[44]

　アムトは，市町村の行政の共同執行機関である。例えば，シュレスヴィヒ・ホルシュタイン州では，名誉職の市長が市町村のトップであるが，市町村の行政の執行はアムトが担当している。2008年5月現在，同州には87のアムトが存在する。そのうち2つは，郡の区域をまたいでいる。[45]

43　片木（2003）p.236。
44　自治体国際化協会（2003）p.87。
45　同州HP「Kreise, Städte, Gemeinden」「Ämter und Gemeinden」（2012.1.10.閲覧）。

市町村がアムトに属するか，独立しているかは，市町村の選択にゆだねられている。アムトに属しているからといって，その市町村の自立性あるいは政治的・経済的独立性が影響を受けるものではない。アムトは，公的法人であるが，地域高権（Gebietshoheit）は有しない。アムトは，それぞれの市長とともに，市町村議会への自治行政事務に関する議案を準備する。その内容的な決定は，あくまで当該市町村の議会の権限である。アムト所属市町村は，このための固有の行政組織，職員および施設を持つ必要がない。アムト所属市町村は，個々の自治行政事務についても，アムトに移譲することができるが，この場合には，内容の決定権限もアムトに移る。しかし，これは例外であり，アムトが通常所管するのは指示による事務（Aufgaben zur Erfüllung nach Weisung）である[46]。

アムトにとって重要な決定は，アムト委員会（Amtsausschuss）によって行われる。アムト委員会は，アムト所属市町村長その他の市町村代表によって構成される。アムトは，通常，名誉職のアムト長（Amtsvorsteher）によって代表される。アムト長は，アムト委員会の委員長であり，アムトの「指示による事務」について職員を指揮する。専門職としては，期限付きのアムト支配人（Amtsdirektor）が選任される場合もある。いくつかのアムトは，固有の行政組織を持たず，大きなアムト所属市町村か，行政連合体の枠内でアムト非所属市町村にこれを頼っている[47]。

3　小　　括

日本には，郡もなければ，アムトといった組織もない。そして，都道府県は，住民に身近な市町村の事務を補完するには規模が大きすぎる。

これに対して，ドイツにおける郡とアムト等は，日本に比べ市町村の補完

---

[46] 同州HP「Kommunales und Sport」「Unsere Kommunen」「Die Ämter」（2012.1.10. 閲覧）。
[47] 同上。

機能という面では格段に重要な役割を果たしている。したがって，ドイツにおいては，地方自治体の体制強化の必要性がそれだけ少なくなるため，市町村の地域改革を抑制するベクトルは，日本におけるそれよりも強くなるということがいえよう。

　これを，合併の促進要因としての地方分権との関係で見れば，市町村に対する地方分権を進める必要性がそれだけ低いということであり，そのような観点から，ここで，合併の抑制要因として取り上げたものである。

た
第III部 ケーススタディと結論

第9章
ヴィーデンボルステル
――ドイツ最小の村

第1節　ヴィーデンボルステルの横顔

　ヴィーデンボルステルは，人口8人のドイツ最小の自治体である（2010年3月31日現在）。シュレスヴィヒ・ホルシュタイン州のシュタインブルク郡とケリングハウゼン・アムトに属している。ヴィーデンボルステルの地域は，大きな森の中の大農場からなっている（図9-1，写真9-1）。

　シュレスヴィヒ・ホルシュタイン州の市町村法によれば，住民人口70人以下の市町村は議会に代えて住民総会を開催することとされている。そこで，ヴィーデンボルステル村においても村民集会が開かれ，議長は村長が務めることとなっている。村民集会はすべての有権者によって構成され，条例および予算を定める。

　2009年の決算によれば，経常勘定において，歳入は6,870.74ユーロ，歳出は9,320.72ユーロであった。投資勘定においては，2,500ユーロが計画されていたが，結局支出されなかった。歳入内訳は，不動産税A 1,900ユーロ，不動産税B 800ユーロ，所得税に対する市町村取り分1,700ユーロ，特別調整金 100ユーロ，合計 4,500ユーロであった。2010年の予算は表9-1のとおり

第9章　ヴィーデンボルステル──ドイツ最小の村

写真9-1　ヴィーデンボルステルと村長の所在

農場への入り口

村長の自宅兼村役場。同村の紋章は，雪かきスコップの裏に立てかけられていた。この家で村民総会が開かれる。（上下2葉とも，2010年12月8日筆者撮影）

表9-1　ヴィーデンボルステルの予算（Budgetplannung）（2010年）

予算		歳入	歳出	収支
1000	組織および総務		1,300	−1,300
1300	消防	0	500	−500
2000	学校	0	2,400	−2,400
4000	児童，青少年および社会	0	2,200	−2,200
8000	経済企業，土地財産	700	100	600
9000	特別予算―税および手数料	6,700	2,800	3,900
9100	特別予算―その他財政収入	0	2,500	−2,500
合　計		7,400	11,800	−4,400

（出典）　ヴィーデンボルステルの予算（2010年）により筆者作成。

である。

第2節　ヴィーデンボルステルの村民集会（2011年12月14日）

2010年12月14日午後14時30分から15時45分まで，ヴィーデンボルステル村の村民集会が村長の自宅で開催された。まず議題第5号として，犬税に関する村条例が可決された。次いで，同村の2011年予算が可決された。不動産税の賦課率は，従来の350％から370％に改正され，2011年1月1日から実施されることとなった。シュレスヴィヒ・ホルシュタイン州は，厳しい財政状況を理由として，郡および市町村に対し，財政の簡素化を要求している。そのような状況下で，歳入増が図られたのである。

2011年予算とともに，2010年から2014年までの投資計画が長期財政計画とともに，可決された。決議に引き続き，村長から次のような報告がなされた。

・男性一人の住民としての登録があった。
・ザールフーゼン（隣村）への道路の改良工事は，来週には終わる予定で

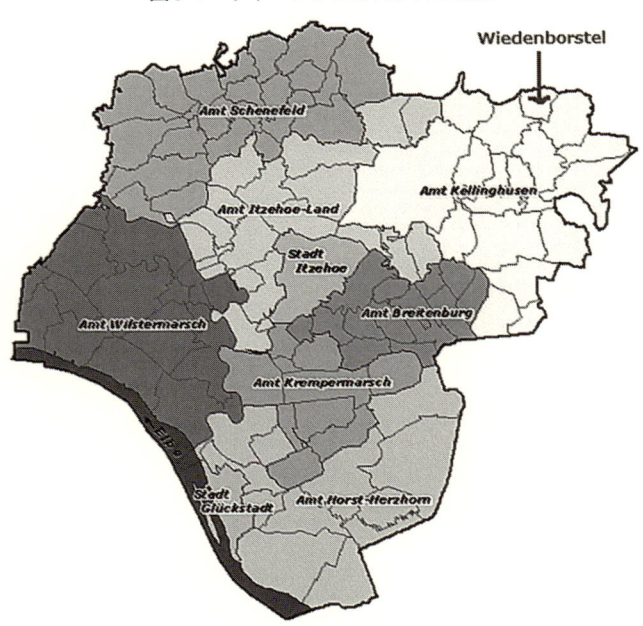

第9章　ヴィーデンボルステル──ドイツ最小の村

図9-1　ヴィーデンボルステルの地図

（出典）　シュタインブルク郡HP「Ämter und Gemeinden des Kreises Steinburg」, https://www.steinburg.de/（2011.1.3.閲覧）。

あり，その後は，通行できるようになる。その他の工事は，霜と雪の季節の後に実施される。
・ザールフーゼンにおけるバイオガス施設からの営業収入は，そのうち50％はヴィーデンボルステルの収入となるのであるが，今後増加が見込め，将来的には村の収支は回復するものと期待される。

第3節　シュタインブルク郡 (Kreis Steinburg)

　シュタインブルク郡は，シュレスヴィヒ・ホルシュタイン州のエルベ川河口と北海とバルチック海をむすぶ運河に挟まれた地域にあり，1,056km²の面積を有している。人口は，133,101（2010年6月30日現在）であり，郡内には，5つの市，7つのアムトおよび107の町村が属している。1867年1月24日，シュレスヴィヒ・ホルシュタイン州は，プロイセンに統合された。同年9月22日，アムト・シュタインブルクは，プロイセン王国の法律によって，その地域を拡大され，郡を名乗ることとなった。この時に定められた境界は，1969年12月23日の市町村および郡の境界ならびに裁判区の新設に関する第2次法まで続いた。1970年4月26日に，レンズブルク郡の17市町村が新たに

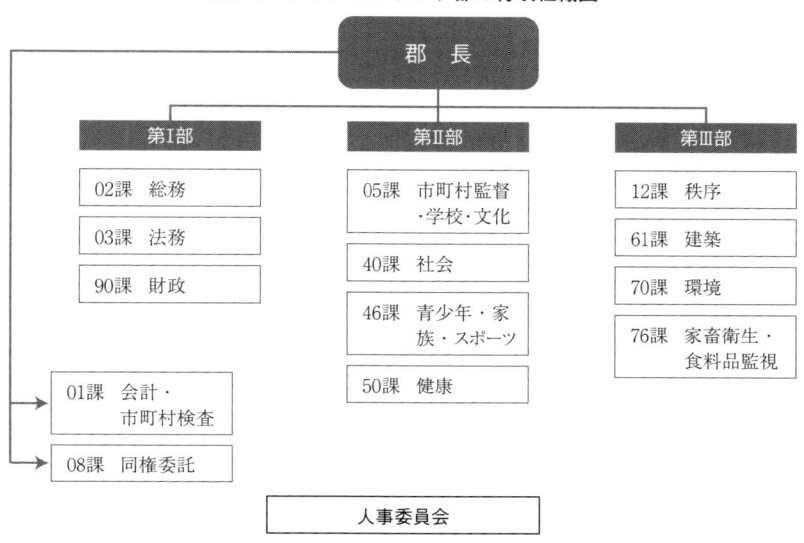

図9-2　シュタインブルク郡の行政組織図

```
                              郡　長
          ┌───────────────────┼───────────────────┐
        第Ⅰ部              第Ⅱ部              第Ⅲ部
      02課 総務        05課 市町村監督      12課 秩序
                           ・学校・文化
      03課 法務        40課 社会            61課 建築
      90課 財政        46課 青少年・家      70課 環境
                           族・スポーツ
   01課 会計・        50課 健康            76課 家畜衛生・
        市町村検査                              食料品監視
   08課 同権委託

                        人事委員会
```

（出典）　シュタインブルク郡HP「シュタインブルク郡の行政組織図」。

第9章　ヴィーデンボルステル――ドイツ最小の村

設置されたアムト・シェーネフェルトとして，シュタインブルク郡に統合された。これによって，同郡は，面積12,000ヘクタールの今日の大きさになった[1]。

シュタインブルク郡の行政組織は，図9-2のとおりである。

第4節　アムト・ケリングフーゼン（Amt Kellinghusen）

アムト・ケリングフーゼンは，シュタインブルク郡の北東に位置し，ケリングフーゼン市とこれを取り囲む18の市町村の事務を実施している（その所在地はケリングフーゼン市）。

シュレスヴィヒ・ホルシュタイン州内務省の決定によって，2007年12月31日をもって，アムト・ホーエンロックシュテットとアムト・ケリングフーゼン・ラントが廃止され，2008年1月1日から，従来のケリングフーゼン市，従来アムト・ホーエンロックシュテットに所属していた2市町村（ホーエンロックシュテットとロックシュテット）ならびに従来アムト・ケリングフーゼン・ラントに属していた市町村（ヴィーデンボルステルを含む）でアムト・ケリングフーゼンが設立されたのである。

この制度改革は，シュレスヴィヒ・ホルシュタイン州における行政は，すべてのレベルにおいて，もっと専門的に，住民に近く，効率的に実施されるべきであるという州政府の考え方によるものであった。そのためには，アムトとアムトに属さない市町村の行政規模を大きくし，それによって，行政サービスを有効かつ効率的に遂行できるようにしなければならないということになった。2006年3月28日の「第1次行政構造改革法」によって，従来5,000人であったアムトの最小規模を 8,000人に拡大することが規定された。ケリングフーゼン市とアムト・ケリングフーゼン・ラントは，当時8,000人

1　同郡HP。

表9-2 アムト・ケリングフーゼンの所管行政

市民サービス	・一般秩序関係事項 ・社会サービス ・戸籍等
環境形成・建築および住居	・建築行政 ・建築技術
総務,学校および文化	・ホーエンロックシュテット役場 ・内務 ・職員関係 ・学校,スポーツ及び文化
財　政	・アムト会計 ・予算および財政 ・税および手数料等

（出典）　アムト・ケリングフーゼンHP「アムト・ケリングフーゼンの所管行政Die Fachbereiche des Amtes Kellinghusen」。

以上の人口を有していたので合併する必要はなかったが，8,000人を切っていたホーエンロックシュテットは合併が必要であった[2]。

　アムト・ケリングフーゼンの所管行政の概要は，表9-2のとおりである。

第5節　小　　括

　なぜ，ヴィーデンボルステルは合併しないのであろうか。まず，地域の住民にとって，その居住する地域について自主的に決定できるということがメリットだからである[3]。2つ目に，ヴィーデンボルステルの財政状況が悪くないということである。2010年に初めてヴィーデンボルステルは財政収支が赤字となった。それ以外の年は，これまで予算は均衡していたのである。行

2　同アムトHP。
3　2010年12月8日の筆者現地調査の際における郡およびアムト担当者の見解。

第9章　ヴィーデンボルステル──ドイツ最小の村

財政基盤がぜい弱なためヴィーデンボルステルが実行できない事務は，アムトあるいは郡が遂行してくれる。3つ目に，シュレスヴィヒ・ホルシュタイン州の憲法は地方自治を保障している。さらにまた，州レベルの政治家たちの中にも，小規模な市町村の構造を伝統的な考え方から保持すべきであると考えている人が多いのである。

4　同上。
5　同上。

第10章
結　　論

　これまで述べてきた市町村合併の促進・抑制要因ごとに結論を述べれば，以下のとおりである。

第1節　地方分権改革

　ドイツにおいては，もともと，地方自治がある意味で州行政の一部と考えられていることに加え，市町村の規模も日本に比べて相当に小さい結果，地方分権改革が「根本的なパラダイム転換を意味することなく」推進されているのに対して，日本においては，「真正な地方分権改革」が目指され，従来の国と地方の上下・主従の関係を新しい対等・協力の関係に変革し，地方自治体を「地域政府」として確立しようとしている。これに加えて，日本の地方自治体は，元来，財政的に見ても大きな事務分野を担当してきたが，地方分権改革によってこれがさらに拡大すべきであるとされ，日本都市センターの調査では，平成の大合併を進めた理由として第1理由，第2理由および第3理由の合計では「財政状況」についで2番目，第1理由だけでは1番目の理由となっているのである。

第10章　結　論

　これらの結果，総体として，市町村合併に向けてのベクトルは，日本の方が，ドイツより強いものとなった。

第2節　人口の減少・高齢化

　人口の減少・高齢化は，3つの側面を有している。すなわち，①若年層の減少と②高齢者層の増加，および③人口全体の減少である。このうち，日本においては①と②にあたる「少子高齢化」が，市町村が平成の大合併を進めた1つの理由（日本都市センターの調査では，第1理由，第2理由および第3理由の合計で，「財政状況」，「地方分権の推進」に続いて3番目）であった。ドイツにおいても，人口の高齢化に伴う福祉行政等の充実の必要性が合併を進めた要因の1つであったと認められる。しかし，後述するように，市町村行政を補完する機能を有する郡，アムト等の存在があったので，そのベクトルの力が緩和され，その分，日本のベクトルの方が強かったと思われる。

　これに対して，③の人口全体の減少は，日本においては，過疎地の慢性的な将来に対する不安や限界集落の問題認識はあったものの，急激な人口減少に対する全体的な危機意識はうすかった，あるいは見て見ぬふりをしていたように思われる。特に，「シュリンキング・シティ問題」については，日本の政治家も行政も，それほど大きな問題意識を有していなかった。これに対して，ドイツにおいては，政治家は，将来に対する大きな政策課題と認識し，連邦政府も，各州政府も，また地方自治団体も様々な対策を講じてきた。

　しかし，そのため，人口減少に対する政策がとられなかった日本においては，かえって将来に対する漠然とした不安が生じ，市町村合併を促進するベクトルがしたがってここでも，ドイツよりも強くなったものと思われる。

　いずれにしても，日本においては，人口減少と市町村合併の間にそれほど強いものではないが，一定の相関関係が認められた。これに対して，特に市町村合併の進んだ旧東ドイツ諸州では，人口減少と市町村合併の間の相関関

係は認められない結果となっている。つまり，この点においても，合併促進のベクトルとしては，日本の方がドイツより強かったといえる。

第3節　自治体の財政危機

　日本においては，都道府県知事も，市町村長も，あるいはまた，地方議会の議員においても，国の財政に対する信頼が低い。そして，自らの団体の将来の財政状況に対しても，大きな不安を抱いている。もっとも，国は，市町村合併に対して，次のような財政支援措置を講じてきた。すなわち，合併によって測定単位の数値が減少し，普通交付税もこれに伴い減少すべきところ，10年間は合併前の算定方法をそのまま維持することを保障するとともに，合併特例債を許可し，その元利償還金の70％を地方交付税で補てんする措置を取ったのである。にもかかわらず，市町村の財政赤字を払拭するには至っていない。

　ドイツにおいても，今日までに，牽連性の原則（立法者負担の原則）は，すべての州憲法に明記されるに至っている。しかしながら，自治体サイドからは，特に「自治体全国連合」を通じて，いわゆる「厳格な牽連性の原則」の適用が要求されている。したがって，ドイツにおいては，重点は，財政支援措置の制度改革に置かれ，市町村の地域改革には置かれていない。その結果，市町村合併のベクトルは，日本より弱いものとなっているといえよう。

第4節　自治体の地域改革に対する抑制要因

1　市民に近接した民主主義

　日本には，12万を超える町内会，自治会が住民に近い組織として存在し

ているがその活性化と民主化がなお課題である。また，住民自治を重視する自治基本条例もまだ全国的には浸透していない。2004年に創設された「地域自治区」等は現在までのところ数が非常に限られたものとなっている。ドイツにおいては，これに対して，教会を中心とした地域社会とともに，地区制度が存在している。このような点からいえば，市町村合併に反対するベクトルはドイツの方が強い。

2　名誉職原理

日本には，住民の義務を伴う名誉職原理は存在しない。最近になって初めて，自発的な市民参加が強調されるようになってきている。特に，平成の大合併と地方分権化改革を経て「新しい公共」や新市町村の統合の観点から，市民参加が期待されるようになってきたが，市町村合併との関係で論ぜられることは少ない。これに対して，ドイツにおいては，伝統的な，しかも現実に機能する名誉職原理が存在する。メクレンブルク・フォアポンメルン州の憲法裁判所の判決にあるように，この伝統は，現在もなお，地方自治体の地域改革に対して，大きな影響を及ぼしている。したがって，ドイツにおいては，名誉職をはじめ民主主義的な参加を理由とする市町村合併に反対するベクトルが日本より強い。

3　地域アイデンティティー

ドイツにおける地域アイデンティティーは，日本におけるそれよりも相当強いように見える。したがって，市町村合併に反対するベクトルは，日本よりも強い。しかし，断言するためには，さらに詳細な調査が必要である。

4　郡およびアムト等の補完機能

　日本においては，大正年間に郡が廃止されて以来，広域連合，一部事務組合その他の事務の共同処理機関はあるが，市町村レベルの行政処理のために，郡またはアムトのような十分な補完機能を果たす組織は存在しない。これに対して，ドイツにおいては，郡およびアムト等が大きな役割を担っている。したがって，ドイツにおいては，日本よりも，市町村合併を抑制するベクトルが強いといえる。

第5節　ま　と　め

　最後に，最近における日本とドイツにおける市町村合併について，それぞれの項目に評点を付けて比較を試みる。それぞれの評価点は，促進要因を10点，抑制要因を5点とした（表10-1および図10-1）。
　この評価の合計は，日本においての方が，東ドイツを含むドイツ全体のそれよりも高い。日本は，市町村合併を促進するベクトルの値がドイツより大きいという結果になっている。そのため，日本はそれだけ市町村合併が進展し，結果として大規模な市町村構造を有することとなったと言えるのではなかろうかということである。
　結論は以上のとおりであるが，これまで述べてきたような市町村合併の促進・抑制要因の分析を通じて，はっきりしてきたことは，日本においては，市町村合併に直接的な関係のないことまで，市町村合併に期待されてきたのではないかということである。つまり市町村の合併効果に，論理的に結びつかないことまで，無理に，あるいは情緒的に結び付けられて，問題の解決策にいわば祭り上げられてしまっているといえるのではなかろうか。これに対して，ドイツにおいては，地方分権，人口の減少・高齢化，財政危機等

第10章 結　論

表10-1　市町村合併の促進・抑制ベクトルの評点結果

	ベクトル	ウェイト	日　本	ドイツ
促進要因	地方分権改革	10	9	7
	人口の減少・高齢化	10	7	6
	財政危機	10	9	6
抑制要因	市民に近接した民主主義	5	－2	－3
	名誉職原理	5	0	－3
	地域アイデンティティ	5	－1	－3
	補完機能	5	－2	－4
	合　計	50	20	6

図10-1　日独の合併ベクトルの比較

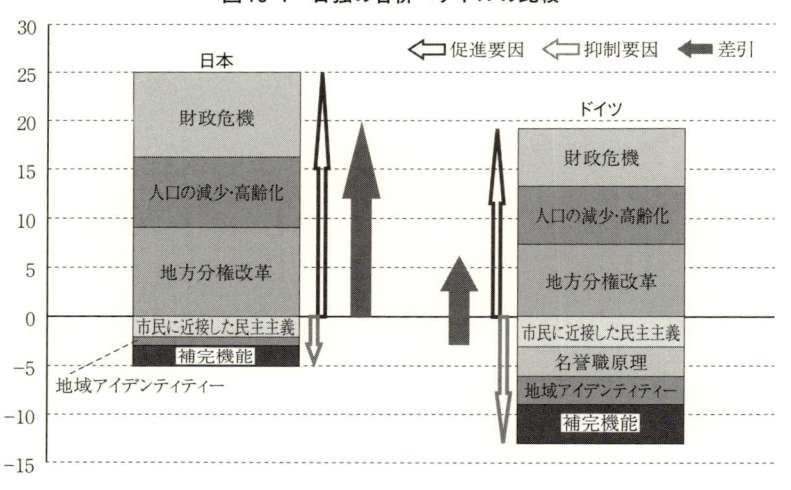

の問題に対して，それぞれ論理的に導き出されると思われる最適解をまず求め，これを実行に移すことによって，それぞれ現実的な解決を図っていこうとしているように思われる。最近の「大阪都構想」にも見られるように，課題の定義，問題設定と論理展開が不明確な制度改革案，政策案では，いずれ

第5節 ま と め

国民・住民の失望を招くこととなるのは明らかである。その意味で，われわれ日本人には，ディベート能力と論理的な政策決定能力の向上が求められているのではなかろうか。

おわりに

　早稲田大学の特別研究期間制度を利用して，2010年4月から，ドイツのポツダム大学のヤン教授の講座と地方自治学研究所（所長：バウアー法学部長）で日独地方政府の比較研究をする機会を与えられた。
　ポツダム大学は，東西ドイツ統一後，創設されたブランデンブルク州立大学であるが，小生のお世話になったキャンパスは，同市のグリープニッツ湖の辺の，緑の多い，素晴らしい環境にあり，また，東ドイツ時代からの縁もあり，ロシア，ベトナム，モンゴル等旧共産圏の国々からの研究者や留学生が多い点が特色であった。
　同大学の地方自治学研究所は，ドイツで唯一ともいわれる地方自治の専門的研究機関であり，わが国の地方関係機関である「自治体国際化協会」も，従来からドイツの地方自治関係の調査を委託するなど，深い関係にある。
　同大学では，地方自治学研究所のフランツケ教授とビューヒナー博士のコロキアム等で，地元の学生に交じって，様々な地方自治のテーマについて，討論に参加するとともに，自らも発表の機会を与えられた。その成果は，同研究所のテスマン博士の全面的なご協力を得て，ドイツ語で同研究所から出版した（「Kommunale Gebietsreform und Dezentralisierung　Vergleich zwischen Japan und Deutschland　Welches Land liegt weiter vorne？（自治体地域改革と地方分権化　日独比較　どちらが先を行っている？）」）。
　本書は，これをもとに，さらに先行研究についての記述とその後得られた情報と考察を追加し，まとめたものである。
　ドイツでの研究を通じて，わかってきたことは，ドイツの地方自治制度が必ずしも，わが国より進んでいるわけではないということであった。特に，一部の州に存在する「機関委任事務制度」に類似した制度の存在と「立法者負担の原則（牽連性の原則）」，さらには，「地域政府」としての自治体の確立

おわりに

の問題については，本書において指摘したとおりである。

　本書は，市町村の合併を促進する要因として，① 地方分権改革，② 人口の減少・高齢化，③ 自治体の財政危機の深刻度およびそれに伴う行政簡素化を，市町村の合併を抑制する要因として，① 市民に近接した民主主義，② 名誉職原理，③ 地域のつながり（地域アイデンティティー），および ④ 行政の補完機能を果たす郡等を措定し，これらを合併を促進または抑制する方向に向かうベクトルとしてとらえ，この違いを両国全体として比較，評価することで，説明ができないものか，試みたものである。結論に示したように，市町村の合併を促進する要因のうち，① 地方分権改革の必要性に対する認識，② 人口の減少・高齢化に対する危機意識，③ 自治体の財政危機の認識については，いずれも日本がドイツより強いという結論に達した。また，市町村の合併を抑制する要因としては，① 市民に近接した民主主義，② 地方自治における名誉職原理，③ 地域アイデンティティーおよび ④ 行政の補完機能は，いずれのベクトルも，ドイツの方が日本より強いという結論となった。したがって，ドイツにおいては，合併の促進要因がそれだけ弱く，逆に抑制要因は強いため，市町村合併が進まないこと，したがって，市町村規模も小規模なものにとどまる傾向にあることがある程度，説明できたのではないかと考えている。

　今後の課題としては，それぞれの要因についてさらに説得的な事実の把握と考察，日本とドイツのそれぞれにおける，都道府県間，各州間の市町村規模の相違についての究明等多くの事項が残っているが，とりあえず今回はこの程度で公表することとし，読者の批判を受けることとしたい。

　ドイツにおける市町村地域改革の進展の相違の説明のほか，本研究の副次的な効果としては，これによって，各アクターの活動を通じた地方自治システムの創設，改廃に関する政治学的分析・究明に貢献すること，さらには，その合併抑制と促進の要因分析を通じて，地方自治システムの内容自体についての評価が可能になるとともに，将来の進展を予想することができるようになる可能性があることが指摘できよう。

「平成の大合併」については，「はじめに」で述べたとおり，今後，その功罪等について，客観的，科学的な事後評価が必要であるが，これを契機に，さらに，世界の各国における詳細な事実の発掘と収集・蓄積が行われるとともに，論議とさらなる研究が進められ，「地域政府」に係る「地域改革」のあり方の究明をはじめ，今後の地域主権の確立に少しでも寄与することにつながれば，幸いである。

　本書は，早稲田大学の2011年度学術研究所出版制度の助成によって出版されたものである。お世話になった武田文彦氏をはじめとする早稲田大学出版部の方々にお礼申し上げる。

　また，ドイツに単身赴任であった小生を日本から支えてくれた家族にも感謝したい。

　　　2012年5月

　　　　　　　　　　　　　　　　　　　　　　　　　片　木　　　淳

参 考 資 料

参考資料1　日本における「平成の大合併」と地方分権改革（年表）

年月日（平成）	市町村合併の動き	地方分権等の動き
7年 4月 1日	合併特例法再延長（平成17年3月31日まで）	
7年 7月 3日		地方分権推進法施行，地方分権推進委員会発足
8年12月20日		地方分権推進委員会第1次勧告
9年 7月 8日		地方分権推進委員会第2次勧告
9年 9月 2日		地方分権推進委員会第3次勧告
9年10月 9日		地方分権推進委員会第4次勧告
10年 4月24日	第25次地方制度調査会「市町村の合併に関する答申」（① 住民発議制度の充実，② 知事による合併協議会設置の勧告，③ 財政措置の拡充等）	
10年 5月29日	分権計画「自主的な合併の推進」	地方分権推進計画　閣議決定
10年11月19日		地方分権推進委員会第5次勧告
10年12月18日	改正合併特例法公布施行（4万市）	
11年 3月26日		第2次地方分権推進計画閣議決定
11年 5月24日	市町村合併研究会報告書	
11年 7月 8日	一括法合併特例法の改正成立	地方分権一括法成立
11年 7月12日	自治省「市町村合併推進本部」設置	
11年 7月16日	一括法に伴う改正合併特例法施行	
11年 8月 6日	自治省「市町村合併の推進についての指針」（12年中の要綱策定要請）	
12年 4月 1日		地方分権一括法施行
12年 4月 4日	自治省「市町村合併推進会議」	
12年 5月 1日	自治省「市町村合併推進室」	

年月日(平成)	市町村合併の動き	地方分権等の動き
12年10月25日	第26次地方制度調査会答申　市町村合併住民投票導入	
12年11月22日	自治省「市町村合併の推進に係る今後の取組」	
12年11月27日	地方分権推進委員会「市町村合併の推進についての意見」	
12年12月 1日	「市町村数を千を目標とする」与党方針を踏まえ，合併を積極推進	
12年12月 6日	改正合併特例法施行（3万市）	
13年 1月 6日	中央省庁等改革（総務省発足）	
13年 3月19日	総務省「市町村の合併の推進についての要綱を踏まえた今後の取組（指針）」合併支援本部の設置，合併重点支援地域の指定等を要請	行政改革大綱　閣議決定
13年 3月27日	政府「市町村合併支援本部」	
13年 3月30日	「21世紀の市町村合併を考える国民協議会」	
13年 6月14日		地方分権推進委員会「最終報告書」
13年 6月21日	骨太方針「すみやかな市町村の再編」	経済財政諮問会議「今後の経済財政運営および経済社会の構造改革に関する基本方針（骨太の方針）」
13年 6月26日		政府「骨太の方針」閣議決定
13年 7月 3日		地方分権改革推進会議　発足
13年 8月 6日	総務省「市町村合併法定協議会運営マニュアル」	
13年 8月30日	政府の市町村合併支援本部「市町村合併支援プラン」	
13年11月19日		第27次地方制度調査会　発足
13年12月12日		地方分権改革推進会議「中間論点整理」
14年 2月21日	政府の市町村合併支援本部「市町村合併の支援について当面の方針」	

参考資料

年月日(平成)	市町村合併の動き	地方分権等の動き
14年 3月29日	総務省「市町村合併の協議の進展を踏まえた今後の取組（指針）」	
14年 3月31日	地方自治法等の一部改正法に伴う合併特例法の改正部分施行（合併協議会に係る住民投票制度の導入，税制上の特例措置の拡充等）	
14年 6月25日		政府「経済財政運営と構造改革に関する基本方針2002」
14年 7月 1日		第27次地方制度調査会 審議事項決定
14年 8月30日	政府の市町村合併支援本部「市町村合併支援プラン」改定（拡充）	
14年10月30日		地方分権改革推進会議「事務・事業の在り方に関する意見」
14年11月 1日	第27次地方制度調査会専門小委員会 西尾副会長私案「今後の基礎的自治体のあり方について」	
14年12月 1日	地方制度調査会 全国町村会意見	
15年 2月28日	地方制度調査会「今後の地方自治制度のあり方についての中間報告」	
15年 4月30日		地方分権改革推進会議 小委員長試案
15年 5月14日	自民党の地方自治に関する検討プロジェクトチーム「中間報告・論点整理」	
15年 6月 6日		地方分権改革推進会議 「三位一体の改革についての意見」
15年 6月27日		政府「経済財政運営と構造改革に関する基本方針2003」
15年11月13日	地方制度調査会 「今後の地方自治制度のあり方に関する答申」	
16年 5月26日	市町村合併特例法等公布	
16年 6月 4日		政府「経済財政運営と構造改革に関する基本方針2004」
17年 3月31日	市町村の合併の特例に関する法律失効	

年月日（平成）	市町村合併の動き	地方分権等の動き
17年 4月 1日	市町村合併特例法等施行	
17年 5月31日	総務省「自主的な市町村の合併を推進するための基本的な指針」	
17年 6月21日		政府「経済財政運営と構造改革に関する基本方針2005」
17年 8月31日	政府・市町村合併支援本部「新市町村合併支援プラン」	
21年 6月16日	第29次地方制度調査会「今後の基礎自治体および監査・議会制度のあり方に関する答申」	
22年 4月 1日	新市町村合併特例法施行	

参考資料2　普通交付税の測定単位と単位費用

1 「個別算定経費」
市町村

経費の種類	測定単位	単位費用（円）
一　消防費	人口	1人につき11,400
二　土木費 　1　道路橋りょう費	道路の面積	1000平方メートルにつき83,500
	道路の延長	1キロメートルにつき230,000
2　港湾費	港湾における係留施設の延長	1メートルにつき30,000
	港湾における外郭施設の延長	1メートルにつき6,130
	漁港における係留施設の延長	1メートルにつき12,600
	漁港における外郭施設の延長	1メートルにつき4,710
3　都市計画費	都市計画区域における人口	1人につき1,100
4　公園費	人口	1人につき635
	都市公園の面積	1000平方メートルにつき37,800
5　下水道費	人口	1人につき100
6　その他の土木費	人口	1人につき2,010
三　教育費 　1　小学校費	児童数	1人につき43,400
	学級数	1学級につき930,000
	学校数	1校につき9,490,000
2　中学校費	生徒数	1人につき42,400
	学級数	1学級につき1,215,000
	学校数	1校につき9,972,000
3　高等学校費	教職員数	1人につき7,504,000
	生徒数	1人につき79,400
4　その他の教育費	人口	1人につき5,300
	幼稚園の幼児数	1人につき362,000
四　厚生費 　1　生活保護費	市部人口	1人につき7,500
2　社会福祉費	人口	1人につき17,400
3　保健衛生費	人口	1人につき5,920

経費の種類	測定単位	単位費用（円）
4　高齢者保健福祉費	65歳以上人口	1人につき68,700
	75歳以上人口	1人につき88,400
5　清掃費	人口	1人につき5,810
五　産業経済費 　1　農業行政費	農家数	1戸につき94,200
2　林野水産行政費	林業および水産業の従業者数	1人につき266,000
3　商工行政費	人口	1人につき1,490
六　総務費 　1　徴税費	世帯数	1世帯につき7,050
2　戸籍住民基本台帳費	戸籍数	1籍につき1,630
	世帯数	1世帯につき2,670
3　地域振興費	人口	1人につき2,200
	面積	1平方キロメートルにつき1,217,000
七　災害復旧費	災害復旧事業費の財源に充てるため発行について同意又は許可を得た地方債に係る元利償還金	1000円につき950
八　辺地対策事業債償還費	辺地対策事業費の財源に充てるため発行について同意又は許可を得た地方債に係る元利償還金	1000円につき800

（以下省略）

2　「個別算定経費」以外

地方団体の種類	測定単位	単位費用（円）
道府県	人口	1人につき12,170
	面積	1平方キロメートルにつき1,218,000
市町村	人口	1人につき22,410
	面積	1平方キロメートルにつき2,562,000

（出典）　地方交付税法別表（第12条関係，23年度市町村分より抜粋作成）により作成。

参考資料3　普通交付税の補正係数の種類（2008年度）

種　類	内　容	例
種別補正	測定単位に種別があり，種別ごとに単位当たり費用に差があるものについて，その種別ごとの単位当たり費用の差に応じ当該測定単位の数値を補正するもの。 　例　港湾費（係留施設の延長）にあっては，港湾の種別（「特定重要港湾」「重要港湾」「地方港湾」）によって，係留施設1m当たりの維持管理経費等による経費が異なる。	港湾費 （港湾の種別による経費の差）
段階補正	人口なり面積なり，地方団体の測定単位が増加（減少）するに従い，行政経費は増加（減少）するが，人口（測定単位）が2倍になったからといって，経費が2倍になるとは限らない。 　例　人口500人の村であっても50万人の都市であっても，村長又は市長は一人であるので，人口一人当たりの村長，市長に要する経費は人口が少ないほど割高になる。 　地方団体は，その規模の大小にかかわらず，一定の組織を持つ必要があり，また，行政事務は一般的に「規模の経済」，いわゆるスケールメリットが働き，規模が大きくなる程，測定単位当たりの経費が割安になる傾向がある。 　この経費の差を反映させているのが，段階補正である。	包括算定経費 （人口規模による段階ごとの経費の差）
密度補正	人口密度等の大小に応じて，行政経費が割高，割安になる状況を反映させるための補正。 　人口規模が同じであっても，人口密度が希薄になるに従い（面積が大きくなるに従い），交通などの関係で行政経費が割高になる（人口10万人ごとに保健所を設けるとしても，東京都と北海道では北海道の方が広大な面積を受け持つこととなり，どうしても経費が割高になる）。また，人口密度以外にも道路の面積当たりの自動車交通量の多少（これが密度）で，道路の維持補修費が多く必要となる。 　このような「密度」のほかに，特定の経費を実態に応じて基準財政需要額に算入するために，その経費の多少を示す指標を「密度」として，補正を行っているものもある。 　例　社会福祉費の測定単位は人口であるが，保育所入所運営経費は人口とは必ずしも比例せず，より正確には保育所入所人員数に比例する。この場合に，測定単位当たりの保育所入所人員数を「保育所入所人員数密度」とし，この数値の標準団体の密度に対する大小に応じて，経費を補正している。	①消防費 （人口密度（面積）に応じた経費の差） ②社会福祉費 （保育所入所運営経費の差）
態容補正	地方団体の都市化の程度，法令上の行政権能，公共施設の整備状況等，地方団体の「態容」に応じて，財政需要が異なる状況を算定に反映しようとする補正である。 　態容補正は，次のような体系により分類されている。 態容補正 ├ 普通態容補正 │　├ 行政質量差によるもの │　│　├ 都市化の度合いによるもの │　│　├ 隔遠の度合いによるもの │　│　└ 農林業地域の度合いによるもの │　└ 給与差によるもの ├ 経常態容補正 │　└ 行政権能差によるもの └ 投資態容補正 　　├ 投資補正 ── 当該年度の事業量によるもの 　　└ 事業費補正 ── 元利償還金によるもの	

種類	内　容	例
態容補正	①　普通態容補正 　ア　行政質量差によるもの 　　　「都市化の度合いによるもの」にあっては，全市町村を都市的形態の程度（人口集中地区人口，昼間流入・流出人口等の多寡等）に応じて20段階に区分し，大都市ほど行政需要が増加する経費（道路の維持管理費，ごみ処理経費等）について割増し又は割落としを行うものである。 　　　「隔遠の度合いによるもの」にあっては，離島辺地の市町村やそのような地域を持つ道府県における旅費，資材費の割高の状況を算定している。 　　　「農林業地域の度合いによるもの」にあっては，農林水産業を主産業とする市町村の産業振興，地域振興のための財源を増強するために農林業級地の地域区分により財政需要額を割増して算定している。 　イ　給与差によるもの 　　　地域ごとに異なる地域手当，住居手当及通勤手当等の給与差を算定している。 　ウ　行政権能差によるもの 　　　保健所は，普通，都道府県が設置しているが，政令で指定された都市においては，都道府県に代わって市が保健所を設置している。 　　　このような法令に基づく行政権能の差による経費の差を算定している。 ②　経常態容補正 　①の普通態容補正のような級地区分等とは関係のない態容に基づく経常経費の差を算定するもの。 　例　林野水産行政費においては，林業従業者数及び水産業従業者数の各産業別従業者一人当たりの所要一般財源に差異があることから，その差を補正するものである。 ③　投資態容補正 　ア　投資補正 　　　客観的な統計数値等を指標として地方団体ごとの投資的経費の必要度を測定し，これを財政需要額に反映しようとするものである。 　　　投資補正の補正率は，費目ごとに単位費用の積算基礎に含まれている投資的経費の種類に応じてそれぞれの必要度を表すとみられる指標を選び，各団体ごとのその指標の数値又はこれに基づいて一定の算式により求めた数値の全国平均に対する率を，単位費用積算上の投資的経費の種類ごとのウェイトにそれぞれ乗じたものを合算して算定される。 　　例　道路橋りょう費にあっては，道路の未整備延長比率，交通事故件数等を指標に選んでいるが，これは，未整備延長比率等が全国平均よりも多ければ多いほど，道路を改良したり，舗装したりする投資的経費がかかるということから，これらによる補正を行っているものである。 　イ　事業費補正 　　　地方団体の公共事業費の地方負担額等，実際の投資的経費の財政需要を反映するもの。 　　例　「元利償還金によるもの」にあっては，道路・港湾事業，小中学校整備，ゴミ処理施設等。	① ア　消防費 （消防力の水準の差） ウ　保健衛生費 （保健所設置市とその他の市との差） ② 　林野水産行政費 （産業別所要一般財源の差） イ　道路橋りょう費 （臨時地方道整備事業債元利償還金）

参 考 資 料

種 類	内　容	例
寒冷補正	寒冷・積雪地域における特別の増加経費を算定するもの。 ① 給与差 　寒冷地に勤務する公務員に対して支給される寒冷地手当に係る財政需要の増加分を算定している。 ② 寒冷度 　寒冷地における暖房用施設，暖房用燃料費，道路建設に必要な特殊経費，生活保護費に係る冬季加算分などの行政経費の増加分を算定している。 ③ 積雪度 　積雪地における道路・建物等に係る除排雪経費，雪囲費，道路建設費における道路幅員の通常以上の拡張に要する経費等を算定している。	小・中学校費 ①寒冷地手当の差 ②暖房費の差 ③除雪経費の差
数値急増補正 数値急減補正	① 数値急増補正 　人口が増加すれば行政経費は増加するし，また，人口が急増する場合には，社会福祉施設等を早急に整備しなければならない。 　こうした数値急増による増加財政需要を反映するのが，数値急増補正である。 　また，人口を測定単位とする費目分については，「地域振興費」において一括して算入している。これは，これらの費目で基礎としている国勢調査人口の数値の更新に5年間を要するため，この間に人口が急増する市町村について，住民基本台帳登載人口を用いて，増加分を加味することとしているものである。 ② 数値急減補正 　人口や農家数等が急激に減少しても，行政規模は一挙に減らせないこと，また，人口が急変する市町村は，人口変動が小さい市町村に比べて行政経費が割高になる状況があるので，これを反映するための補正である。 　なお，数値急増補正同様，人口を測定単位とする費目分については，「地域振興費」において一括して算入している。	①地域振興費 （人口） 高齢者保健福祉費 （65歳以上人口，75歳以上人口） ②農業行政費 （農家数） 地域振興費 （人口）
合併補正	平成17年4月1日以降に合併した市町村に対して適用されるもの 合併直後に必要となる行政の一体化に要する経費及び行政水準・住民負担水準の格差是正に要する経費及び合併により臨時的に増加する経費を措置するため， ・合併市町村の人口規模 ・合併関係市町村の数 等を指標として，合併直後に必要となる経費等を割増算入するための補正である。	地域振興費 （人口）
財政力補正	地方債の元利償還金を算入する際にその団体の標準財政収入額に対する比率が大きい団体ほど算入率を引き上げる。	災害復旧費 （単独災害復旧事業債及び小災害債公共土木施設等分）

（出典）　総務省HP「政策＞地方行財政＞地方財政制度＞地方交付税」「補正係数」
　　　　　（2012.1.11閲覧）。

参 考 文 献

【日本語】

エッカーマン（1984）　：エッカーマン著・山下肇訳『ゲーテとの対話』（第13刷，岩波文庫，1984年）。

縣（2002）　　　　：縣公一郎「ドイツ新州における市町村改革――合併・連合併用モデルの展開」（『月刊自治研』第44巻8月号（通巻515号），2002年）。

阿部（2009）　　　：阿部昌樹「自治基本条例の普及とその背景」（都市問題研究会『都市問題研究』61(4)（通号700），2009年）。

井川（2010）　　　：井川博「第3期　旧地方自治制度の発展［1909-1929年］」（政策研究大学院大学・比較地方自治研究センター『我が国の地方自治の成立・発展』2010年3月）。

石川（1995）　　　：石川義憲「ドイツ～旧東独における地方自治の確立」（『地方自治』（通巻570号），1995年5月）。

石川（2007）　　　：石川義憲「KGStのNSMからコンツェルン都市，市民自治体まで」（自治体国際化協会『平成18年度　比較地方自治研究会調査研究報告書』「5　ドイツ地方自治体における行政改革と市民参加・協働」），2007年3月）。

今井（2008）　　　：今井照『平成の大合併の政治学』（公人社，2008年）。

今道（2004）　　　：今道友信『アリストテレス』（講談社，2004年）。

岩崎（2002）　　　：岩崎美紀子『分権社会を創る7　市町村の規模と能力』第4版（ぎょうせい，2002年）。

宇賀（2004）　　　：宇賀克也『地方自治法概説』（有斐閣，2004年）。

牛山（1999）　　　：牛山久仁彦「戦後市町村合併の経緯と課題」（『都市問題』90(3)，1999年3月）。

牛山（2005）　　　：牛山久仁彦「市町村合併が地域社会にもたらす変化と課題――市町村合併推進の動向と新市誕生に伴う自治の今後――」（明治大学社会科学研究所編「明治大学社会科学研究所紀要」43(2)（通号62），2005年3月）。

牛山（2009）　　　：牛山久仁彦「地方分権改革下での大規模自治体再編と自治の行方」（現代社会構想・分析研究所『現代社会の構想と分析』(7)，2009年）。

参 考 文 献

小滝（2005）　：小滝敏之『地方自治の歴史と概念』（公人社，2005年）。
片木（2003）　：片木淳『地方主権の国 ドイツ』（ぎょうせい，2003年）。
片木（2005）　：片木淳「地方分権の潮流と地方交付税改革」（『地方財政』2005年11月号）。
片木（2008）　：片木淳「『地方政府』再編と道州制」（『自治研究』2008年3月号，第一法規）。
加藤（2006）　：加藤眞吾「地方議会議員の待遇」（『レファレンス』2006年7月号）。
金沢（1999）　：金沢史男「市町村合併促進と住民サービスの在り方――合併推進論の再検討」（『都市問題』90(3)，1999年3月）。
兼子（1991）　：兼子仁「自治体住民の直接民主主義的権利」（『都立大学法学会雑誌』32(1)，1991年）。
加茂（2002）　：加茂利男『増補版　地方自治・未来への選択平成市町村合併と「地方構造改革」のなかで』（自治体研究社，2002年）。
亀掛川（1977）：亀掛川浩『自治五十年史』（文生書院，1977年）。
河内ほか（2002）　：河内隆，佐々木浩，米田順彦『地方自治総合講座1　地方自治の構造』（ぎょうせい，2002年6月）。
川畑（2009）　：川畑宏「地域住民の生活行動，及び意識からみた市町村合併問題の研究――鹿児島県沖永良部島を中心に」（『帝京大学大学院経済学年誌』，2009年）。
菊地（2006）　：菊地端夫「ドイツ，スウェーデンにおける市町村合併の現況」（自治体国際化協会『比較地方自治研究会報告書　2006年』）。
木佐（2003）　：木佐茂男監修『自治体の創造と市町村合併』（第一法規，2003年）。
幸田ほか（2004）：幸田雅治・安念潤司・生沼裕『政策法務の基礎知識』（第一法規，2004年）。
重森（2002）　：重森曉・関西地域問題研究会『検証・市町村合併』（自治体研究社，2002年）。
自治体国際化協会（2002）：自治体国際化協会『スペインの地方自治』（自治体国際化協会，2002年）。
自治体国際化協会（2003）：自治体国際化協会『コミュニティと行政――住民参加の視点から』（2003年5月）。
自治体国際化協会（2003）：自治体国際化協会『ドイツの地方自治』（2003年）。

自治体国際化協会（2004）：自治体国際化協会『諸外国の地方自治組織』（2004年5月）。

自治体国際化協会（2005）：自治体国際化協会「フランスの広域行政――第4の地方団体」（『クレアレポート』第276号，2005年10月27日）

自治体国際化協会（2006）：自治体国際化協会「パリッシュの動向」『クレアレポート』第284号，2006年8月11日）。

自治体国際化協会（2009）：自治体国際化協会『フランスの地方自治』（自治体国際化協会，2009年）。

自治体国際化協会（2010）：自治体国際化協会『英国の地方自治（概要版）』2010年改訂版（自治体国際化協会，2010年）。

市町村の合併に関する研究会（2009）：市町村の合併に関する研究会『「平成の合併」の評価・検証・分析』（自治研究，2009年）。

衆議院憲法調査会事務局（2004）：衆議院憲法調査会事務局「『中央政府と地方政府の権限のあり方（特に，課税自主権）』に関する基礎的資料」（2004年5月20日，衆権資第51号）。

進藤（2003）　：進藤兵「自治体行政からの視点」（山田公平・東海自治体問題研究所編『市町村合併と自治体自立への展望』自治体研究社，2003年）。

杉原（2002）　：杉原泰雄『地方自治の憲法論――「充実した地方自治」を求めて』（勁草書房，2002年）。

武田（2003）　：武田公子『ドイツ自治体の行財政改革』（法律文化社，2003年）。

苗村（1995）　：苗村辰弥「ゲマインデ再編成と地方自治――ゲマインデの再分立を定めたニーダーザクセン州法律が違憲とされた事例」（『法政研究』第62巻1号，1995年）。

日本政策投資銀行（1999）：日本政策投資銀行『ドイツの街づくりにみる地域アイデンティティの重要性～世界一の大聖堂へのこだわり――ウルム市～』（フランクフルト駐在員事務所報告，1999年）　http://www.jeri.or.jp/center/pdf/western_05.pdf［2012.1.10.閲覧］。

日本都市センター（2007）：日本都市センター「市町村合併に関するアンケート調査」集計結果（2007年9月28日）。

初村（2003）　：初村尤而・にいがた自治体研究所編『改訂版　資料と解説　合併財政シミュレーションの読み方』（自治体研究社，2003年）。

PHP総合研究所（1996）：斎藤精一郎編『日本再編計画――無税国家への道』

（PHP総合研究所，1996年）。
広井（2009）　　：広井良典『コミュニティを問いなおす』（ちくま新書，2009年）。
保母（2002）　　：保母武彦『市町村合併と地域のゆくえ』（岩波ブックレット No.560，2002年）。
松下（1975）　　：松下圭一『地方自治の憲法理論』（岩波新書，1975年）。
松下（1996）　　：松下圭一『日本の自治・分権』（岩波新書，1996年）。
真渕（1998）　　：真渕勝「市町村合併──ドミノ，効率，民主主義」（『都市問題研究』50(6)，1998年6月）。
真渕（2003）　　：真渕勝「市町村合併の政治的効果」（京都大学法学会『法学論争』152(5・6)，2003年3月）。
三橋ほか（2000）：三橋良士明・自治体問題研究所編『ちょっと待て市町村合併』（自治体研究社，2000年）。
三橋（2000）　　：三橋良士明「合併・広域行政の推進と市町村自治体の役割」（三橋良士明・自治体問題研究所編『ちょっと待て市町村合併』自治体研究社，2000年）。
室井（2002）　　：室井力『現代自治体再編論』（日本評論社，2002年）。
森川（2003）　　：森川洋「ドイツ・シュレスヴィヒ・ホルシュタイン州におけるアムト制度の現状」（『福山大学経済学論集』27巻2号，2003年3月）。
森川（2005）　　：森川洋『ドイツ市町村の地域改革と現状』（古今書院，2005年）。
森川（2008）　　：森川洋『行政地理学研究』（古今書店，2008年）。
山崎（2003）　　：山崎丈夫「自治体行政からの視点」「地域コミュニティからの視点」（山田公平・東海自治体問題研究所編『市町村合併と自治体自立への展望』自治体研究社，2003年）。
山下（2010）　　：山下茂『体系比較地方自治（明治大学社会科学研究所叢書）』（ぎょうせい，2010年）。
山田（1991）　　：山田公平『近代日本の国民国家と地方自治』（名古屋大学出版会，1991年）。
山田（2003）　　：山田明「自治体財政からの視点」（山田公平・東海自治体問題研究所編『市町村合併と自治体自立への展望』自治体研究社，2003年）。
山田（2003）　　：山田公平・東海自治体問題研究所編『市町村合併と自治体自立への展望』（自治体研究社，2003年）。
横道・和田（2000）：横道清孝・和田公雄「平成の市町村合併の実証的分析（上）」

(『自治研究』76⑿, 2000年12月)。
横道・和田 (2001)：横道清孝・和田公雄「平成の市町村合併の実証的分析（下）」（『自治研究』77(7), 2001年7月）。
横道 (2003)　：横道清孝「市町村合併の必要性」（『自治研究』79(9), 2003年9月）。
吉村 (2003)　：吉村弘『最適都市規模と市町村合併』第4刷（東洋経済新報社, 2003年)。
渡名喜 (2002)：渡名喜庸安「自治体広域再編の論理と問題点」（室井力『現代自治体再編論』日本評論社, 2002年)。

参考文献

【ドイツ語】
Anton/Diemert (2010)：Anton, Stefan und Diemert, Dörte : Gemeindefinanzbericht 2010 im Detail. in : Deutscher (2010), Köln, Deutscher Städtetag, 2010.
Bauer (2009)：Bauer, Hartmut, Büchner, Christiane und Gründel, Olaf (Hrsg.) : Demographie im Wandel/Herausforderung für die Kommunen, 2. Aufl., Potsdam, Universitätsverlag Potsdam, 2009.
Bogumil (2010)：Bogumil, Jörg : Die Ebenen der Verwaltung, die Verteilung der Aufgaben und die Realität der Verwaltungspolitik. in : Schimanke (Hrsg.) (2010).
Bogumil/Kuhlmann (2010)：Bogumil, Jörg und Kuhlmann, Sabine (Hrsg.) : Kommunale Aufgabenwahrnehmung im Wandel : Kommunalisierung, Regionalisierung und Territorialreform in Deutschland und Europa, 1.Aufl., Wiesbaden, Verlag für Sozialwissenschaften/Springer Fachmedien Wiesbaden GmbH, 2010.
Büchner/Franzke (2009)：Büchner, Christiane und Franzke, Jochen : Das Land Brandenburg/Kleine politische Landeskunde, 5. Aufl., Potsdam, Brandenburgische Landeszentrale für politische Bildung, 2009.
Büchner/Franzke (2008)：Büchner, Christiane, Franzke, Jochen und Nierhaus, Michael : Verfassungsrechtliche Anforderungen an Kreisgebietsreformen, 1. Aufl., Potsdam, Universitätsverlag Potsdam, 2008.
Deutscher (2010)：Deutscher Städtetag : Deutschlands Städte in Not, Höchstes Defizit der Nachkriegsgeschichte-Sozialausgaben explodieren-Keine Mitsprache bei Gesetzen mit Folgekosten von Gerhard Kneier, Köln 2010, URL: http://www.staedtetag.de/10/presseecke/pressedienst/artikel/2010/12/26/00760/index.html [1.3.2011].
Ebinger/Bogumil (2008)：Ebinger, Falk und Bogumil, Jörg : Grenzen der Subsidiarität. Verwaltungsreform und Kommunalisierung in den Ländern. in : Vetter/Heinelt (Hrsg.) (2008).
Foljanty-Jost (2009)：Foljanty-Jost, Gesine : Einleitung/Kommunaler Reformdruck aus vergleichender Perspektive. in : Foljanty-Jost (Hrsg.) (2009).
Foljanty-Jost (Hrsg.) (2009)：Foljanty-Jost, Gesine (Hrsg.) : Kommunalreform in Deutschland und Japan: Ökonomisierung und Demokratisierung in vergleichender Perspektive, 1. Aufl., Wiesbaden, Verlag für Sozialwissenschaften/

GWV Fachverlag GmbH, 2009.

Franzke (2002) : Franzke, Jochen : Arbeitskreis 3 Reform der Kommunalverwaltungen im Vergleich Leitung: Werner Jann, Potsdam. in : Michael Nierhaus (Hrsg.) (2002).

Haus (2006) : Haus, Michael : Verwaltungs-und Kommunalpolitik der Länder. in : Schneider (Hrsg.) (2006).

Vetter/Heinelt (Hrsg.) (2008) : Vetter, Angelika und Heinelt, Hubert : Lokale Politikforschung heute. Reihe : Stadtforschung aktuell. Wiesbaden, 2008.

Hoffmann (2002) : Hoffmann, Ulrich : Zur Gemeindegebietsreform in Brandenburg. in: Michael Nierhaus (Hrsg.) (2002).

Hüstebeck (2009) : Hüstebeck, Momoyo : Administrative und fiskalische Dezentralisierung in Japan-Instrumente zur Stärkung der japanischen lokalen Selbstverwaltung. in : Foljanty-Jost, Gesine (Hrsg.) (2009).

Ipsen (2009) : Ipsen, Jörn : Ehrenamt und kommunale Selbstverwaltung, Festrede aus Anlass der Ehrung ehrenamtlich tätiger Bürger, http://www.staatsgerichtshof.niedersachsen.de/live/live.php?navigation_id=13355&article_id=56822&_psmand=51&mode=print [1.2.2011].

Kisa (2005) : Kisa, Shigeo : Dezentralisierung und kommunale Selbstverwaltung in Japan. in : Pitschas (Hrsg.) (2005).

Kisa (2008) : Kisa, Shigeo : Dezentralisierung und kommunale Selbstverwaltung in Japan-Aktueller Stand und Problemstellungen der Reformen. in : Pitschas, (Hrsg.) (2008).

Kuhlmann (2006) : Kuhlmann, Sabine:Kommunen zwischen Staat und Markt : Lokalmodelle und-reformen im internationalen Vergleich. in : Jörg Bogumil (hrsg. v.) „Kommunalpolitik und Kommunalverwaltung "Deutsche Zeitschrift für Kommunalwissenschaft, Themenheft II/2006, i. E.)

Kuhlmann (2009) : Kuhlmann, Sabine : Politik-und Verwaltungsreform in Kontinentaleuropa: Subnationaler Institutionenwandel im deutsch-französischen Vergleich, 1. Aufl., Baden-Baden, Nomos, 2009.

Kuhlmann (2010) : Kuhlmann, Sabine : Siegzug der Territorialität? Dezentralisierungsprofile und-wirkungen in Westeuropa. in: Schmanke (Hrsg.) (2010).

Metzger (2009)：Metzger, Paul und Sixt, Werner : Die Ortschaftsverfassung in Baden-Württemberg Leitfaden für Ortschaftsräte und Ortsvorsteher, 6. Aufl.,Richard Boorberg Verlag, Stuttgart, 2009.

Michael (2002)：Michael Nierhaus (Hrsg.) : Kommunalstrukturen in den Neuen Bundesländern nach 10 Jahren Deutscher Einheit. (Schriftenreihe des Kommunalwissenschaftlichen Instituts der Universität Potsdam; KWIS 10), 1. Aufl. , Berlin, Duncker & Humbolt, 2002.

Norton (1994)：Norton, Alan : International Handbook of Local and Regional Government: A Comparative Analysis of Advanced Democracies, Edward Elgar Publishing, London, 1994.

Pitschas (2005)：Pitschas, Rainer (Hrsg.) : Globalisierung als Herausforderung für die Verwaltung/Lernwerkstatt Japan-Deutschland-Berliner Seminare zur internationalen Struktur-und Entwicklungspolitik, 1. Aufl., Speyer, Deutsche Hochschule für Verwaltungswissenschaften Speyer, 2005.

Pitschas (2008)：Pitschas, Rainer (Hrsg.) : Dezentralisierung im Vergleich/ Kommunale Selbstverwaltung in Deutschland und Südostasien am Beginn des 21. Jahrhunderts. 1. Aufl., Berlin, Duncker & Humblot, 2008.

Pohl (2011)：Pohl, Wolfgang : Das kommunalpolitische Mandat als gesellschaftliches Engagement, Newsletter Wegweiser Bürgergesellschaft 21/2010 vom 29.10.2010.

Reiher (2011)：Reiher, Cornelia : Kommunale Gebietsreformen der Heisei-Zeit und Lokale Identität/Das Beispiel der Kommune Arita-Cho, URL: http://www.dijtokyo.org/doc/JS20_Reiher.pdf [20.2.2011] (Deutsches Institut für Japanstudien).

Reiners (2008)：Reiners, Markus : Verwaltungsstrukturreformen in den deutschen Bundesländern: Radikale Reformen auf der Ebene der staatlichen Mittelinstanz , 1. Aufl., Wiesbaden, VS Verlag für Sozialwissenschaften, 2008.

Reiser (2006)：Reiser, Marion : Zwischen Ehrenamt und Berufspolitik: Professionalisierung der Kommunalpolitik in deutschen Großstädten, 1.Aufl., Wiesbaden, Vs Verlag für Sozialwissenschaften/GWV Fachverlag GmbH, 2006.

Schleswig-Holstein (2011)：Schleswig-Holstein Innenministerium: Die Kommunen in Schleswig-Holstein, URL: http://www.schleswig-holstein.de/IM/DE/

KommunalesSport/UnsereKommunen/Verwaltungsreform/Kreisstruktur/ Kreisstruktur_node.html [24.1.2011].

Schmanke (2010)：Schmanke, Dieter (Hrsg.)：Verwaltung und Raum- Zur Diskussion um Leitungsfähigkeit und Integrationsfunktion von Verwaltungseinheiten, 1.Aufl., Baden-Baden, Nomos, 2010.

Schneider (2006)：Schneider, Herbert und Wehling, Hans-Georg (Hrsg.)：Landespolitik in Deutschland: Grundlagen-Strukturen-Arbeitsfelder, 1.Aufl., Wiesbaden, VS Verlag für Sozialwissenschaften/GWV Fachverlag GmbH, 2006.

Tessmann (2010)：Tessmann, Jens：Die Zukunft der Kreise in Deutschland zwischen Aufgabenkooperation und Territorialreform, 1. Aufl., Potsdam, Universitätsverlag Potsdam, 2010.

Vogelgesang (2005)：Vogelgesang, Klaus, Lübking,Uwe und Ulbrich, Ina-Maria：Kommunale Selbstverwaltung, 3. überarbeitete Aufl., Berlin, Erich Schmidt Verlag, 2005.

Werner (2002)：Werner, Sabine：Verfassungsrechtliche Voraussetzungen und Grenzen kommunaler Gebietsreformen in den neuen Bundesländern unter besonderer Berücksichtigung des Landes Brandenburg, 1. Aufl. , Berlin, Weißensee-Verlag, 2002.

Wollmann (2008)：Wollmann, Hellmut：Reformen dezentral-lokaler Organisationsstrukturen zwischen Territorialität und Funktionalität-England, Schweden, Frankreich und Deutschland im Vergleich. in：Vetter/Heinelt (Hrsg.) (2008).

Wollmann (2010)：Wollmann, Hellmut：Das deutsche Kommunalsystem im europäischen Vergleich-Zwischen kommunaler Autonomie und „Verstaatlichung "?. in：Bogumil/Kuhlmann, (Hrsg.) (2010).

図 表 一 覧

巻　頭
ⅰ　ドイツの16州と州都
ⅱ　道州制案の13地域と都道府県の境界

序　章
図序-1　地方自治システムの「単純モデルA」
図序-2　市町村の人口規模と1人当たり歳出額
図序-3　都市の人口規模と人口当たり基準財政需要額および人口当たり基準財政収入額（都市階層別）――全国の市（東京23区を除く）
表序-1　日独市町村の平均人口と平均面積
表序-2　平成の大合併をめぐる主な論点の対比
表序-3　ドイツとフランスにおける地方分権・地方分散・地域改革の比較

第1章
表1-1　各国比較における自治体モデル（伝統的側面）

第2章
図2-1　「地域」と「地域政府」
図2-2　日本の地域政府
図2-3　ドイツの地域政府
図2-4　都道府県別・平均市町村人口（日本）
図2-5　都道府県別・平均市町村面積（日本）
図2-6　各州別・平均市町村人口（ドイツ）
図2-7　各州別・平均市町村面積（ドイツ）
図2-8　日本とヨーロッパ各国における市町村数
表2-1　各国における地域政府の階層構造と数
表2-2　日本の地域政府（市町村）数
表2-3　ドイツの地域政府（地方自治体）数

第3章
図3-1　日本の市町村数の推移（1888～2011年）
図3-2　日本における市町村数の推移（1998～2011年）
図3-3　平成の大合併・都道府県別・市町村合併の状況（1999～2011年）
図3-4　平成の大合併・都道府県別・市町村数の減少率（1999～2011年）
図3-5　ドイツにおける市町村数の推移
図3-6　ドイツ各州における市町村数の減少率（1991～2010年）
表3-1　日本における市町村数の変遷
表3-2　平成の大合併をめぐる経緯
表3-3　ドイツ各州における市町村数の推移（1991～2010年）

第4章
表4-1　市町村合併の促進要因と抑制要因

第5章
図5-1　国と地域政府のGDPに対する支出割合の各国比較
図5-2　国と地域政府の支出比率の各国比較
図5-3　日本とドイツにおける地域政府の支出
図5-4　日本における市町村合併の理由
表5-1　国の関与の基本類型
表5-2　日本における地方分権の歴史

第6章
図6-1　総人口の推移（出生中位・高位・低位（死亡中位）推計）
図6-2　年齢3区分別人口の推移（出生中位（死亡中位）推計）
図6-3　人口規模別市町村数と割合
図6-4　老年人口割合別市町村数と割合
図6-5　ドイツにおける人口の推移
図6-6　20歳未満，65歳以上および80歳以上人口の推移
図6-7　ドイツ各州における人口の増減状況（1990～2006年）
図6-8　ドイツ・各州における人口の国内移動収支（1991～2006年）

図表一覧

図6-9　市町村合併の進展と人口減少の相関関係（日本の各都道府県）
図6-10　市町村合併の進展と人口減少の相関関係（ドイツの新州）
表6-1　都道府県別人口の将来見通し
表6-2　老年人口割合の将来見通し
表6-3　ドイツにおける主要年齢グループ別人口の推移（2005〜2050年）
表6-4　旧西ドイツ地域（西ベルリンを除く），旧東ドイツ地域（東ベルリンを除く）およびベルリンにおける人口増減の要素
表6-5　東西ドイツ間における年齢別人口の国内移動差（1991〜2006年）

第7章
図7-1　債務残高の国際比較（対GDP比）
図7-2　地方財政の財源不足の状況
図7-3　地方債，債務負担行為および積立金現在高の推移
図7-4　ドイツの市町村および市町村組合の財政収支（都市州を除く，2000〜2010年）
図7-5　ドイツの市町村の財政収支と債務残高
図7-6　普通交付税の算定例
図7-7　ドイツの垂直的財政調整および水平的財政調整の状況（2009年）
図7-8　人口1人当たり地方税と地方交付税（日本）
図7-9　市町村合併による効率化効果
図7-10　旧「合併算定替」
表7-1　国および地方の長期債務残高
表7-2　市町村の財政構造の弾力性
表7-3　普通交付税の測定単位と単位費用
表7-4　平成23年度普通交付税交付額（道府県分・市町村分）
表7-5　三位一体改革の成果

第8章
図8-1　地域自治区・合併特例区制度のイメージ
図8-2　メクレンブルク・フォアポンメルン州における新しい郡構造
図8-3　10年前と比較した地域のつながりの強さ（日本）
表8-1　地域審議会・地域自治区・合併特例区の設置状況（2011年4月1日現在）

213

表8-2　地方議会議員の定数と報酬（日本）
表8-3　各州の郡数と1郡あたり郡所属市町村数

第9章
図9-1　ヴィーデンボルステルの地図
図9-2　シュタインブルク郡の行政組織図
表9-1　ヴィーデンボルステルの予算（Budgetplannung）（2010年）
表9-2　アムト・ケリングフーゼンの所管行政
写真9-1　ヴィーデンボルステルと村長の所在

第10章
図10-1　日独の合併ベクトルの比較
表10-1　市町村合併の促進・抑制ベクトルの評点結果

索　引

◆あ行

アクター　　6, 13, 78, 80-82, 156
アムト　　7, 21, 22, 62, 63, 70, 71, 81, 97, 154, 155, 166, 169, 170, 175, 179-181, 184, 187
アングロ・グループ　　31
潮来市　　19, 20
一本算定（地方交付税の）　　10
営業税　　125, 140, 141

◆か行

合併特例債　　10, 146, 185
合併特例法　　66, 79, 193
合併の促進要因　　5, 7, 18, 22, 82, 117, 171
合併の抑制要因　　7, 22, 82, 97, 171
議会　　35
議会議員の身分取扱い　　18, 20
機関委任事務　　32, 84, 90, 93, 189
　　——の廃止　　31, 85
基準財政収入額　　14, 131-133, 135, 143
基準財政需要額　　12, 14, 128, 131-133, 135, 146
基礎政府　　45-47, 50
機能改革　　70, 71, 91, 97
旧西ドイツ地域　　20, 108, 112
旧東ドイツ地域　　21, 71, 108, 111, 164
給付行政　　91
行政改革　　5, 6, 10, 15, 20, 23, 66, 81, 82, 96, 120
行政共同体　　21, 25, 62, 63, 70, 71, 169
行政地理学　　22
共同事務　　129
共同体意識　　8
近隣政府　　38, 44, 48-50
空間整備政策　　21, 25
国の関与　　32, 86, 90
郡　　7, 21, 22, 25, 46, 52, 54, 62, 70, 74, 81, 82, 91, 97, 158-161, 165-170, 177, 179, 181, 184, 186, 187

郡議会　　25, 35, 160, 167
郡所属市町村　　52, 53, 154, 167
郡制　　52, 157, 165
郡長　　25, 167, 168
権限踰越の法理　　30
牽連性の原則　　127, 129, 130, 142, 146, 148, 185
広域政府　　45-47, 49, 50
公共の福祉　　79, 168
国際通貨基金（IMF）　　118
国民主権　　33, 34, 36, 38, 39, 86, 88
国家　　41, 89
コミューン　　46, 47, 49, 50
固有権説　　33, 39

◆さ行

財源保障機能（地方交付税の）　　131, 138
財政危機　　7, 10, 11, 15, 82, 97, 187, 188
財政調整　　8, 127, 130, 131, 139, 141-143, 148
　　垂直的——　　131, 139-141
　　水平的——　　131, 139, 140
財政調整機能（地方交付税の）　　131
債務残高の国際比較　　119
三位一体の改革　　86, 134, 137
自主的合併（任意合併）　　10, 63, 79, 146
市制町村制　　64, 65, 157
自治事務　　31, 85, 86, 130, 166
自治体化　　74, 89, 97
自治体内下位区分　　49
市町村合併　　1, 3, 5-8, 10-12, 15-20, 22, 24, 25, 61, 64, 66, 77-82, 87, 95, 98, 113, 114, 116, 117, 146, 149, 150, 156, 157, 161, 165, 183-187
市町村小連合　　25, 169
市町村大連合　　25, 169
市町村の最適規模　　11, 77
市町村連合　　21, 22, 166, 169
篠山市　　19
市民近接性　　21, 155

215

市民に近接した民主主義　　　7, 81, 82, 149, 153, 156, 157, 164, 185, 188
事務所の位置　　　18, 20
社会保障・税一体改革　　　118, 120, 138, 139
州行政区　　　21, 25
十分性の原則　　　127-129
周辺部　　　8, 19, 20
住民自治　　　9, 32, 38, 39, 50, 88, 139, 150, 151, 153, 156, 185
自由民主党（自民党）　　　36, 78, 86
住民投票　　　47, 79, 80
主権　　　34, 36, 38, 39, 41
シュリンキング・シティ　　　111, 112, 116, 184
少子・高齢化　　　96
消費税　　　118, 120, 121, 132, 138, 139
昭和の（大）合併　　　15-17, 20, 22, 65
人口の減少・高齢化　　　7, 81, 82, 105, 113, 184, 187, 188
新固有権説　　　33, 39
新市町村建設促進法　　　64, 66
新市の名称　　　18, 20
真正地方分権　　　23
人民主権　　　33, 34, 39
スマート・シュリンク　　　105, 111
生活関係の統一性　　　25, 143
政治システム　　　3, 4, 98
生存配慮行政　　　112
制度的保障説　　　33, 39
政府　　　41-43
全権限性の原則　　　35
総務省（自治省）　　　6, 7, 61, 66, 78, 81, 146, 163
測定単位　　　132-134, 146, 185

◆た行

第１期地方分権改革　　　83, 84, 130, 134, 161
第２期地方分権改革　　　86
大日本帝国憲法（明治憲法）　　　32, 64
多機能（多目的）・地域組織モデル　　　31
単一機能（単一目的）・事務組織モデル　　　31
単位費用　　　132-134
団体自治　　　32, 33
地域アイデンティティー　　　7, 82, 162-165, 186, 188
地域改革（自治体）　　　1, 5, 6, 24, 25, 61-63, 71, 79, 148, 185
地域構造　　　3, 30, 70, 161
地域主権　　　36-39, 43, 78, 86-88, 90, 137, 139, 153
地域主権戦略会議　　　86
地域主権戦略大綱　　　37, 38, 43, 86, 138
地域主権第１次一括法　　　87, 88
地域主権第２次一括法　　　87, 88
地域政府　　　4, 24, 30, 34, 35, 39, 42-44, 49, 50, 52, 54, 90, 93, 139
地域のきずな　　　7, 81, 162
地区　　　54, 153
地方交付税　　　8, 10, 12, 16, 93, 128, 131-133, 136-138, 142, 143, 146, 185
地方財政計画　　　121, 128, 131
地方自治システム　　　3-5, 7, 80
地方自治法　　　43, 51, 52, 61, 64, 78, 85, 87, 88, 128, 150, 157
地方制度調査会　　　66, 87, 88, 150
地方政府基本法　　　43, 88
地方分権　　　5-8, 19, 23, 66, 80, 82, 83, 89, 90, 97, 98, 134, 152, 171, 184, 187
地方分権一括法　　　32, 66, 84, 87, 152
地方分権改革推進委員会　　　43, 86, 87, 137
地方分権改革推進決議　　　83
地方分権推進委員会　　　87, 90
地方分散　　　23, 74, 89, 90, 97
長期債務残高　　　123
町村合併促進法　　　64, 66
伝来説　　　33, 38, 39
ドイツ都市会議　　　125, 143
統合市町村　　　21, 25, 169
東西ドイツ統一　　　70, 91
道州制　　　37, 43, 88
特別区（東京都の）　　　50, 52, 66
特別市（非郡所属市町村）　　　25, 52, 154, 161
都市州　　　46, 52-54, 141

◆な行

南欧モデル　　　30, 60, 63, 71
２元政治システム　　　30
西東京市　　　20
二重信託論　　　34
日常生活圏　　　5, 6, 18

◆は行

パリッシュ　44, 49, 50
東日本大震災　88, 118, 120, 121
非真正地方分権　23
ビッターフェルト・ヴォルフェン　112
プライマリーバランス　117
フランコ・グループ　29
プロイセン　179
　──憲法　64
分離システム　30, 31
平成の大合併　1, 5, 8, 9, 15, 18, 20, 22, 31, 50,
　　63, 66, 68, 69, 78, 88, 95, 113, 114, 161, 184,
　　186
ベクトル　6, 7, 11, 80, 81, 82, 95, 98, 116, 148,
　　149, 157, 161, 165, 171, 183-188
法定受託事務　85, 86
補完機能　7, 81, 82, 165-169, 186-188
補完性の原理　35, 38, 44, 50, 91
北欧・中欧グループ　29
北欧モデル　30, 60, 63
補正係数　132, 133, 137

◆ま行

民主党　36, 39, 78, 86, 117, 121, 139
明治の(大)合併　20, 22, 64, 65
名誉職(原理)　7, 81, 82, 157-159, 161, 186,
　　188
目的組合　62

◆や行

融合システム　31
ヨーロッパ地方自治憲章　127

◆ら行

立法者負担の原則　127-130, 142, 146, 185
リージョン政府　44-47, 49
連合市町村　21, 25, 62, 63, 70, 97, 169
連邦参議院(ドイツ)　129

A Comparative Study on Municipal Mergers between Japan and Germany
—Why did "Heisei no Daigappei" make progress ?—

Jun KATAGI

Since 1999, the "Heisei no Daigappei" (Great Merger Movement) has reduced the number of municipalities in Japan by half: from 3,255 to 1,742 (as of December 31, 2011). Consequently, the Japanese municipalities have much larger populations and areas than before, even though they originally were large in comparison with those of other developed countries in the world.

The central question of the book is "Why did the 'Heisei no Daigappei' achieve results so rapidly without great resistance?"

Recently, in Germany, the "Territorial Reform," including municipal mergers, has been implemented, especially in East Germany. Nevertheless, there are about 12,000 municipalities, so they are far smaller than those in Japan.

According to this book, three factors have promoted municipal mergers: decentralization reform, population decline and ageing, and local financial situations (and administrative reform). Then, this book considers four factors that hinder municipal mergers: the principle of democracy close to the citizens, the honorary office principle (in German, "Ehrenamt Prinzip"), local identity and supplementary functions of county (in German, "Kreis"). With regard to these promotional or preventive factors, this book explores the reason the above differences exist between Germany and Japan.

In my conclusion, I discuss the awareness of a necessity for decentralization reform as well as the awareness of the severity of the local financial situations (therefore the need for administrative reform), which are keener in Japan than in Germany. The differences between critical awareness of population decline and ageing, were not very clear but it seems also keener in Japan.

In contrast, because of the adherence to the principle of democracy close to the citizens, long tradition of the honorary office, stronger local identity and supplementary functions of county, Germany has more factors preventing municipal mergers than does Japan.

Finally, in Japan, the factors promoting municipal mergers, as a whole, are stronger; therefore, the municipal mergers have been carried out in Japan more rapidly and more effectively than in Germany.

(Key Words)

municipal merger, decentralization reform, population decline and ageing, local finance, administrative reform, local identity, local government, democracy.

著者略歴

片 木　淳（かたぎ　じゅん）

1947年大阪府泉南市生まれ。1971年東京大学法学部卒業。同年自治省入省。鹿児島県観光物産課長・財政課長，旧西ドイツ　ジェトロ・デュッセルドルフセンター，高知県保健環境部長・総務部長，北海道総務部長，大阪府総務部長，自治省選挙部長，総務省消防庁次長等歴任。

公営企業金融公庫理事を経て，2003年4月から早稲田大学大学院公共経営研究科（現公共経営大学院）教授。「地方分権論」，「市民自治論」などを講じている。同大学メディア文化研究所長。

2010年4月から1年間，ドイツ・ポツダム大学地方自治学研究所客員研究員。

著書は，『地方主権の国ドイツ——徹底討論，決断そして実行』（2003年，ぎょうせい），『最新　地方行政キーワード——地方行財政改革の論点』（編著，加除式，ぎょうせい），『自治体経営学入門』（同，2012年，一藝社），『地域づくり新戦略——自治体格差時代を生き抜く』（同，2008年，一藝社），『公職選挙法の廃止——さあはじめよう市民の選挙運動』（共著，2009年，生活社），など多数。

早稲田大学学術叢書 22

日独比較研究　市町村合併
——平成の大合併はなぜ進展したか？——

2012年6月1日　　初版第1刷発行

著　者	………………	片　木　　淳
発行者	………………	島　田　陽　一
発行所	………………	株式会社 早稲田大学出版部
		169-0051 東京都新宿区西早稲田1-1-7
		電話 03-3203-1551　　http://www.waseda-up.co.jp/
装　丁	………………	笠井 亞子
印　刷	………………	理想社
製　本	………………	ブロケード

Ⓒ2012, Jun Katagi. Printed in Japan　　ISBN978-4-657-12702-0
無断転載を禁じます。落丁・乱丁本はお取替えいたします。

刊行のことば

　早稲田大学は、2007年、創立125周年を迎えた。創立者である大隈重信が唱えた「人生125歳」の節目に当たるこの年をもって、早稲田大学は「早稲田第2世紀」、すなわち次の125年に向けて新たなスタートを切ったのである。それは、研究・教育いずれの面においても、日本の「早稲田」から世界の「WASEDA」への強い志向を持つものである。特に「研究の早稲田」を発信するために、出版活動の重要性に改めて注目することとなった。

　出版とは人間の叡智と情操の結実を世界に広め、また後世に残す事業である。大学は、研究活動とその教授を通して社会に寄与することを使命としてきた。したがって、大学の行う出版事業とは大学の存在意義の表出であるといっても過言ではない。そこで早稲田大学では、「早稲田大学モノグラフ」、「早稲田大学学術叢書」の2種類の学術研究書シリーズを刊行し、研究の成果を広く世に問うこととした。

　このうち、「早稲田大学学術叢書」は、研究成果の公開を目的としながらも、学術研究書としての質の高さを担保するために厳しい審査を行い、採択されたもののみを刊行するものである。

　近年の学問の進歩はその速度を速め、専門領域が狭く囲い込まれる傾向にある。専門性の深化に意義があることは言うまでもないが、一方で、時代を画するような研究成果が出現するのは、複数の学問領域の研究成果や手法が横断的にかつ有機的に手を組んだときであろう。こうした意味においても質の高い学術研究書を世に送り出すことは、総合大学である早稲田大学に課せられた大きな使命である。

　「早稲田大学学術叢書」が、わが国のみならず、世界においても学問の発展に大きく貢献するものとなることを願ってやまない。

2008年10月

早稲田大学

「研究の早稲田」 早稲田大学学術叢書シリーズ

中国古代の社会と黄河
濱川 栄 著 ￥5,775

東京専門学校の研究
——「学問の独立」の具体相と「早稲田憲法草案」
真辺 将之 著 ￥5,670

命題的推論の理論
——論理的推論の一般理論に向けて
中垣 啓 著 ￥7,140

一亡命者の記録
——池明観のこと
堀 真清 著 ￥4,830

ジョン・デューイの経験主義哲学における思考論
——知性的な思考の構造的解明
藤井 千春 著 ￥6,090

霞ヶ浦の環境と水辺の暮らし
——パートナーシップ的発展論の可能性
鳥越 皓之 編著 ￥6,825

朝河貫一論
——その学問形成と実践
山内 晴子 著 ￥9,345

源氏物語の言葉と異国
金 孝淑 著 ￥5,145

経営変革と組織ダイナミズム
——組織アライメントの研究
鈴木 勘一郎 著 ￥5,775

帝政期のウラジオストク
——市街地形成の歴史的研究
佐藤 洋一 著 ￥9,765

民主化と市民社会の新地平
——フィリピン政治のダイナミズム
五十嵐 誠一 著 ￥9,030

石が語るアンコール遺跡
——岩石学からみた世界遺産
内田 悦生 著　下田 一太（コラム執筆） ￥6,405

モンゴル近現代史研究：1921 〜 1924 年
——外モンゴルとソヴィエト，コミンテルン
青木 雅浩 著 ￥8,610

金元時代の華北社会と科挙制度
——もう一つの「士人層」
飯山 知保 著　　　　　　　　　　　　　　　　　　　　￥9,345

平曲譜本による近世京都アクセントの史的研究
上野 和昭 著　　　　　　　　　　　　　　　　　　　　￥10,290

Pageant Fever
— Local History and Consumerism in Edwardian England
YOSHINO, Ayako 著　　　　　　　　　　　　　　　　　￥6,825

全契約社員の正社員化
——私鉄広電支部・混迷から再生へ（1993年〜2009年）
河西 宏祐 著　　　　　　　　　　　　　　　　　　　　￥6,405

対話のことばの科学
——プロソディが支えるコミュニケーション
市川 熹 著　　　　　　　　　　　　　　　　　　　　　￥5,880

人形浄瑠璃のドラマツルギー
——近松以降の浄瑠璃作者と平家物語
伊藤 りさ 著　　　　　　　　　　　　　　　　　　　　￥7,770

清朝とチベット仏教
——菩薩王となった乾隆帝
石濱 裕美子 著　　　　　　　　　　　　　　　　　　　￥7,350

ヘーゲル・未完の弁証法
——「意識の経験の学」としての『精神現象学』の批判的研究
黒崎 剛 著　　　　　　　　　　　　　　　　　　　　　￥12,600

日独比較研究 市町村合併
——平成の大合併はなぜ進展したか？
片木 淳 著　　　　　　　　　　　　　　　　　　　　　￥6,825

すべてA5判・価格は税込